MÉTHODE NÉZONDET

OURS D'INITIATION

OU

Cours préparatoire à l'usage des Écoles primaires
Écoles enfantines, des Écoles maternelles (de 4 à 7 ans)
et des Familles

PAR

A. NÉZONDET
INSPECTEUR PRIMAIRE (A. I)

SEMESTRE. — PARTIE DE L'ÉLÈVE

COMPRENANT :

la lecture, l'écriture, la langue française, le dessin,
l'histoire de France, la géographie, l'instruction morale et civique,
a récitation, l'histoire naturelle, le chant, la gymnastique.

PARIS
I. RUEFF, ÉDITEUR
106, BOULEVARD SAINT-GERMAIN, 106
. honorable à l'Exposition universelle de Paris, 1889)

TABLE DES MATIÈRES

DU COURS D'INITIATION NÉZONDET, 2e SEMESTRE (*Elève*)

Les nos des leçons ainsi que les nos des pages de ce 2e Semestre font suite à ceux du 1er Semestre

MÉTHODE NÉZONDET

COURS D'INITIATION

2e SEMESTRE. — PARTIE DE L'ÉLÈVE

Nouvelle édition

PARIS
J. RUEFF, ÉDITEUR
106, BOULEVARD SAINT-GERMAIN, 106

MÉTHODE NÉZONDET

COURS D'INITIATION. — 2ME SEMESTRE

31e LEÇON DE LECTURE ET D'ÉCRITURE.

O C G

o c g

f, b, p, c, g — l — o, i, a, u, e (é è ê)

o — flo - blo - plo - clo - glo
i — fli - bli - pli - cli - gli
a — fla - bla - pla - cla - gla
u — flu - blu - plu - clu - glu
e — fle - ble - ple - cle - gle

1er Exercice.

je lave la table de la cuisine; tire le sable de la rivière; il a plu la nuit dernière; il fera clore le passage; ernest a vu cette nuit l'éclipse de lune; réclame la clé de l'église; il récitera la fable samedi; place les règles, les plumes et les cahiers des élèves sur la table plane. Casse la glace du canal; florine a glané les épis de blé; il a rétabli la taxe depuis mardi; sa flûte est belle.

2me Exercice.

il est obligé de partir plus tard — il fera une visite à la ferme modèle — la clarté de la lune est pâle — le bloc de pierre a éclaté — il a copié la fable sur le cahier — la plume est légère.

Modèle d'écriture.

Olive, Céleste, Girafe, O.

31e LEÇON D'ORTHOGRAPHE ET DE GRAMMAIRE.

dictée : il ira sur la place et parlera à Gustave; le platine est un métal. Cet homme récolte de belles asperges; blâme sa manière d'agir; le canal a gelé la nuit dernière; la plume du canard est belle et légère. Oscar a glané les épis de blé.

31e LEÇON DE CALCUL

Additions.

plumes										
	5	8	23	40	5	4	3	2	6	7
	7	7	22	28	5	4	3	2	6	7
	4	4	41	11	5	4	3	2	6	7
+	6	3	13	20	5	4	3	2	6	7
=										

Soustractions.

plumes	9	8	27	17	16	14	18	16	12	20	24	10
−	2	5	3	9	5	7	9	8	6	10	12	5
=												

Additions et multiplications correspondantes.

plumes	2	3	4	5	6	7	8	9	10
+	2	3	4	5	6	7	8	9	10
=									

	2	3	4	5	6	7	8	9	10	plumes
2 fois (×)	2	2	2	2	2	2	2	2	2	
=										

7e LEÇON DE RÉCITATION.

Le Papillon.

7e LEÇON DE CHANT (GAMME).

4e LEÇON DE GYMNASTIQUE.

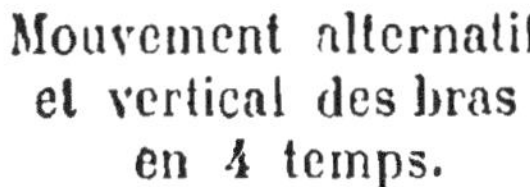

Mouvement alternatif et vertical des bras en 4 temps.

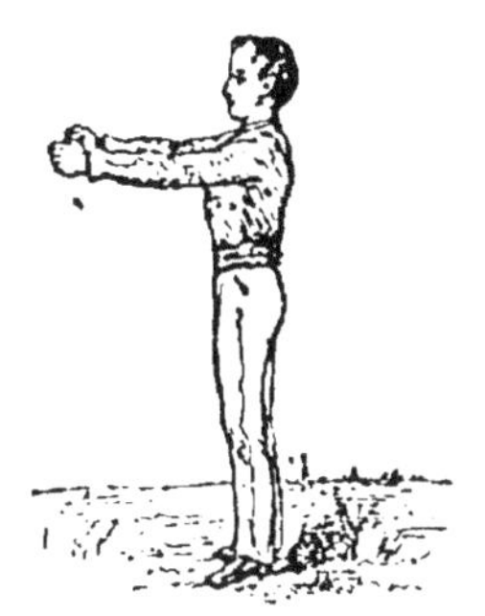

Mouvement horizontal des bras en avant en 2 temps.

32e LEÇON DE LECTURE ET D'ÉCRITURE.

E S L O G C

e s l o g c

f v b p d c g t — r

a-fra-vra-bra-pra-dra-cra-gra-tra

e-fre-vre-bre-pre-dre-cre-gre-tre

(é-è)

i-fri-vri-bri-pri-dri-cri-gri-tri

o-fro-vro-bro-pro-dro-cro-gro-tro

u-fru-vru-bru-pru-dru-cru-gru-tru

1er Exercice.

notre mère a tricoté les bas de notre frère. Le cadre de la glace est doré. Les gros platanes de la promenade ; alfred mordra l'abricot vert et fera la grimace ; il a bu du cidre et de la bière ; il a tué la grive sur les arbres de votre propriété. La gravure du livre est admirable. Le pré est fané. L'abricot est mûr ; la prune est verte ; le fromage est dur.

2me Exercice.

jules mettra sa cravate grise — la grève est visible depuis le reflux de la mer et la plage est fort belle — le tigre est l'animal le plus cruel — la bride du sabot est trop large — sa page d'écriture est très propre — le fromage de brie.

Modèle d'écriture.

Ernest, Sévère, Luc, C, G.

32e LEÇON D'ORTHOGRAPHE ET DE GRAMMAIRE.

Dictée.

La cravate de notre frère est grise. Elle prépare le repas frugal du père. Sa mère brode sa robe. Ernest a tué une perdrix près de la luzerne; je récite une fable très belle; je pardonne à mes ennemis; il a perdu sa pièce d'or à la promenade. Sur les arbres du verger, je récolte des cerises, des abricots et des prunes.

1er Exercice.

le petit arbre	les petits arbres
1 cahier propre	des —
la prune verte	les —
ma cravate grise	mes —
cet abricot mûr	ces —
notre gros livre	nos —
votre belle table	vos —
sa robe grise	ses —

2me Exercice.

ma bonne récolte	mes bonnes récoltes
notre grosse plume	nos —
le livre doré	les —
l'homme riche	les —
une femme malade	des —
l'objet utile	les —
la rivière large	les —

31e LEÇON DE DESSIN (DANS LE JARDIN.)

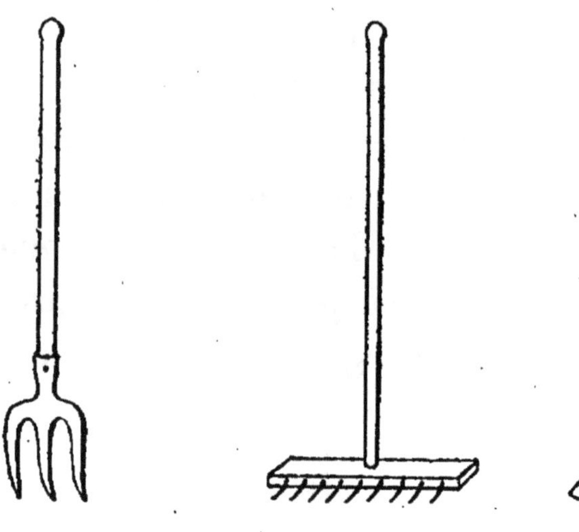

Fourche. Rateau. Pioche.

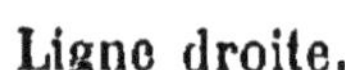

Ligne droite.

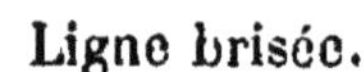

Ligne brisée.

32e LEÇON DE CALCUL.

cahiers								
	15	25	35	45	55	65	75	85
+	7	7	7	7	7	7	7	7
=								

cahiers								
	18	28	38	48	58	67	75	84
+	5	6	7	8	9	6	6	8
=								

cahiers										
	25	35	15	65	25	45	45	65	55	35
+	15	25	15	15	25	35	15	25	45	15
=										

cahiers	85	65	55	45	55	75	55	35	45
+	15	35	15	45	25	15	35	35	25
=									

13e LEÇON D'HISTOIRE DE FRANCE.

Louis XI et les Grands.

7e LEÇON DE MORALE (LA CHARITÉ).

Soyez bons et charitables envers les malheureux.

33e LEÇON DE LECTURE ET D'ÉCRITURE.

P F B
p f b

O C G E S L
o c g e s l

s — t — p

a-sta-spa- *sta - spa*
e-ste-spe- *spe - ste*
(é-è)
i-sti-spi- *sti - spi*
o-sto-spo- *spo - sto*
u-stu-spu- *stu - spu*

Le style est terminé ; trace la spirale sur ce cahier. Elève le store de la fenêtre. Le stage de notre frère est fini ; j'admire la belle statue. Le stère égale le mètre cube. Le pré stérile n'est pas assez arrosé par les rigoles. La stalle de l'église est sculptée. Le tribunal a statué sur le sort de l'accusé.

Le spectacle de la nature — Le cristal est fragile — Le sucre est soluble — Le cri du canard est désagréable — L'étable de la ferme est très propre — brode la cravate de notre frère — tu es triste.

Modèle d'écriture.

Paris, Frédéric, Brest, E.

33e LEÇON D'ORTHOGRAPHE ET DE GRAMMAIRE.

1re *dictée :* Paris est une ville ; il a brûlé le coke ; je corrige la dictée du premier élève ; il cultive les salades, le céleri, les navets, les betteraves et les asperges. Le style se fera le mercredi et le samedi. Frédéric ira mardi à Paris, puis à Brest. Le spectacle est terminé.

2me *dictée :* Le gros livre de l'église est doré ; je place mes cahiers sur mon pupitre ; il a une écriture lisible ; il a terminé sa page et ses trois problèmes. Emile partira à six heures, après le dîner. Prosper a passé la rivière sur le bac ; je visite la cathédrale.

33e LEÇON DE CALCUL

10	Dizaines	font	10|0	ou une	centaine		(3e rang)
20	—	—	20|0	—	2	centaines	—
30	—	—	30|0	—	3	—	—
40	—	—	40|0	—	4	—	—
50	—	—	50|0	—	5	—	—
60	—	—	60|0	—	6	—	—
70	—	—	70|0	—	7	—	—
80	—	—	80|0	—	8	—	—
90	—	—	90|0	—	9	—	—
100	—	—	100|0	—	10	—	—

Additions et multiplications correspondantes.

sous		10	20	30	40	50
	+	10	20	30	40	50
	=					
sous		10	20	30	40	50 sous
	×	2	2	2	2	2
	=					sous

13° LEÇON DE GÉOGRAPHIE. (LE CANTON)

Le canton de Longjumeau.

13° LEÇON D'HISTOIRE NATURELLE (REPTILES.)

Lézard. Vipère. Tête de la vipère et ses dents.

34e LEÇON DE LECTURE ET D'ÉCRITURE

R D A O C G E S L P F B
r d a o c g e s l p f b

oi *oi*

Noix.

n		noi- *noi*	t-oi	cl-oi
m		moi- *moi*	p-oi	gl-oi
v		voi- *voi*	b-oi	fr-oi
r	oi	roi- *roi*	d-oi	pr-oi
l		loi- *loi*	c-oi	dr-oi
j		joi- *joi*	g-oi	cr-oi
f		foi- *foi*		tr-oi
s		soi- *soi*		

1er Exercice.

La noix est bonne. Le moine récite la prière. Le carrossier répare la voiture. Le roi est mort à la dernière croisade. Le véritable patriote doit obéir à la loi; je partage avec toi la joie de le revoir; il a la foi; je regarde la pâle étoile du soir. Place la poire près de la pomme.

2me Exercice.

il écrira sur l'ardoise noire — Le mois de février est froid cette année — je récite trois fois ma fable — je me place sur la droite de la colonne — Le général partira ce soir avec le colonel.

Modèle d'écriture.

Rosine, Dagobert, Alpes.

34e LEÇON D'ORTHOGRAPHE ET DE GRAMMAIRE.

Dictée.

je place les pommes et les poires dans le placard. La voix de ma mère est fort agréable; il casse la noix et me la donne; il ne discute pas les ordres du père; il fera une liste d'adjectifs; il a semé du trèfle et des pois ce soir; il a vu les Alpes le mois dernier.; voilà le froid revenu; il regardera l'armoire et la toilette; voici le frère de jules; il devra boire sa tisane; ma cravate est noire; brûle le bois sec. La toile grise est forte. L'élève finira le devoir de calcul et partira avec toi ce soir à la ville.

Exercice.

il lave une salade,	il	il . . . .
Elle brode ma cravate,	elle	elle . . . .
marie parle de sa toilette,	marie.	marie. . . . . . .
Le pâtissier porte trois tartes	le pâtissier. . .	le pâtissier. . .
jules place ses livres,	jules.	jules . . . .
L'élève récite une fable,	l'élève.	l'élève . . . . . .
Le cheval laboure près de moi	le cheval	le cheval . . . .
il visite l'école,	il	il . . . .
il brûle un stère de bois.	il	il . . . .

32e LEÇON DE DESSIN (CHEZ LE COUTELIER).

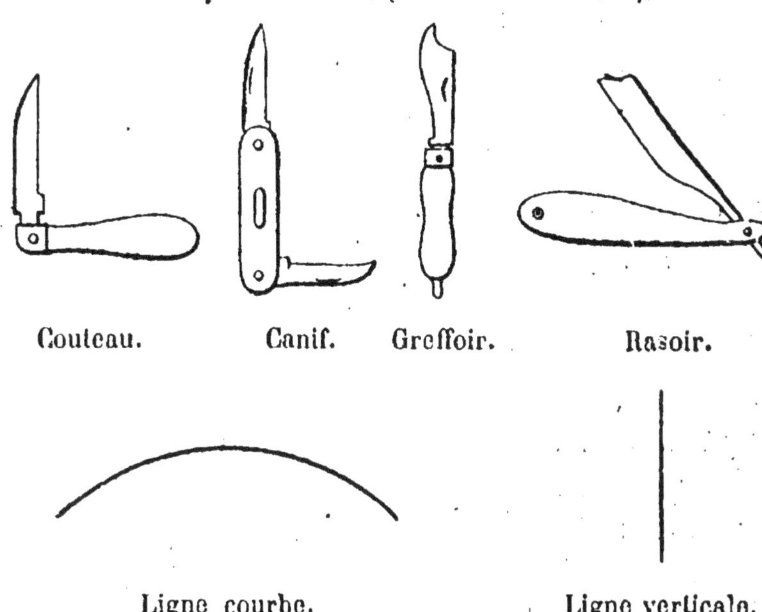

Couteau. Canif. Greffoir. Rasoir.

Ligne courbe. Ligne verticale.

34e LEÇON DE CALCUL.

Additions avec retenue.

prunes												
	35	49	65	75	67	28	49	36	54	48	24	38
+	28	24	26	18	16	39	29	46	37	35	57	54
=												

Additions et multiplications correspondantes.

abricots	2	3	4	5	6	7	8	9	10
	2	3	4	5	6	7	8	9	10
+	2	3	4	5	6	7	8	9	10
=									

	2	3	4	5	6	7	8	9	10	abricots
3 fois (×)	3	3	3	3	3	3	3	3	3	
=										

14e LEÇON D'HISTOIRE DE FRANCE.

Bayard blessé et le connétable de Bourbon.

7e LEÇON D'INSTRUCTION CIVIQUE.

Un mariage à la mairie.

38e LEÇON DE LECTURE ET D'ÉCRITURE.

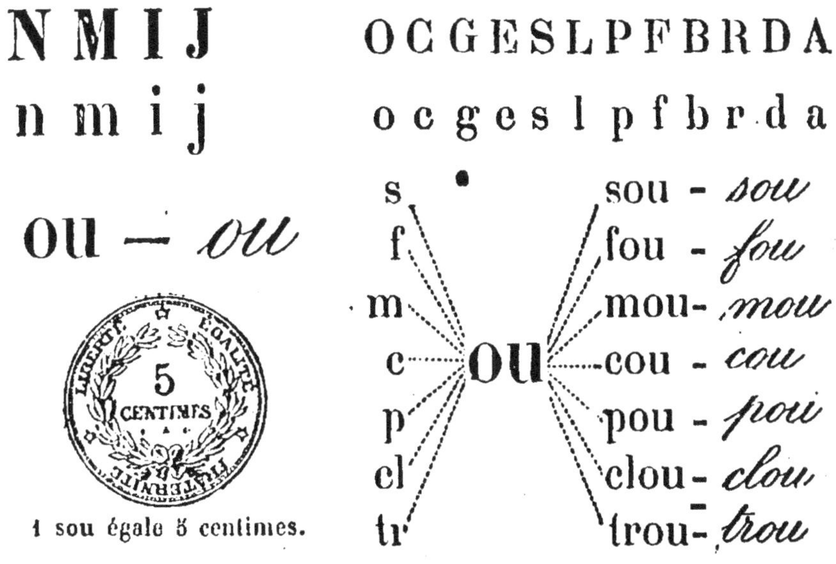

1 sou égale 5 centimes.

1er Exercice.

Le zouave est brave. Il a poussé la roue de la voiture. La boule roule sur la route. Il y a foule à la foire. La tourbe brûle avec le bois. Grégoire boira tout le cidre. La toupie de l'élève; voilà le bijou retrouvé. La poule couve depuis douze jours.

2me Exercice.

La bourse est lourde — il a toujours le sourire sur les lèvres — La mère est sourde — Le trou du hibou — Le soufre brûle vite — La toupie tourne avec rapidité —

Le goulot du litre est petit — Écoute le coucou — La soupe est-elle bonne ? — Oui elle est bonne — La soucoupe est vide — il fut trouvé parmi les morts.

Modèle d'écriture.

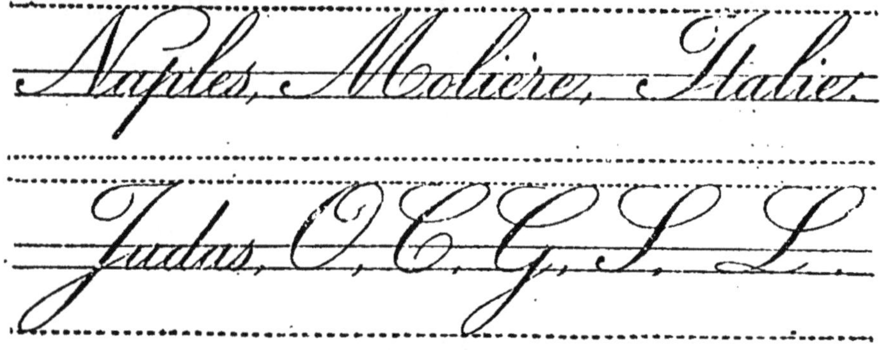

35e LEÇON D'ORTHOGRAPHE ET DE GRAMMAIRE.

1re Dictée.

Aline servira la soupe à midi. Regarde le trou du hibou ; tourne la roue de la voiture. Il sème l'avoine et l'orge. L'amour maternel est l'amour de la mère. Marc ira à Naples et à Rome pour visiter l'Italie. La cour de la ferme est vaste et propre. Roule la voiture du bébé. La poule gratte le fumier. Ouvre la porte du cabinet. Il fera une bouture. Ma cousine est douce et bonne. Octave a brisé le joujou de Marcel. Dessine le sou de la gravure.

2me Dictée.

Observe la loi du devoir; tu dois être prêt à mourir pour ta patrie. Promène-toi avec nous près du bois; vous et votre frère avez fini votre cahier. Ma mère est toujours malade. Le jour et la nuit.

Exercice.

Le trou.......	les trous	La noix.......	les..........noix
Ce clou.......	ces.....	une croix.....	des.........
1 sou.........	2.......	Le pois........	les..........
Le fou........	les.....	Le nez.........	les..........
Le cou........	les.....	Le gaz.........	les..........
La voiture.....	les.....	Le bois........	les..........
La roue.......	les.....	Le repas.......	les..........

38e LEÇON DE CALCUL.

1	10		10		10		10		10		10		10		10		10
1	20		20		20		20		20		20		20		20		20
1	30		30		30		30		30		30		30		30		30
1	40		40		40		40		40		40		40		40		40
1	50	2	50	3	50	4	50	5	50	6	50	7	50	8	50	9	50
1	60		60		60		60		60		60		60		60		60
1	70		70		70		70		70		70		70		70		70
1	80		80		80		80		80		80		80		80		80
1	90		90		90		90		90		90		90		90		90

Multiplications.

	2	3	4	5	6	7	8	9	10 poires
2 fois ×	2	2	2	2	2	2	2	2	2 poires
=									
	2	3	4	5	6	7	8	9	10 noix
3 fois ×	3	3	3	3	3	3	3	3	3 noix
=									

Additions avec retenue.

soldats												
	25	43	68	15	30	23	61	33	29	35	28	24
	36	25	23	36	24	18	27	25	36	25	38	24
+	34	18	16	47	15	34	19	27	25	15	32	24
=												

14e LEÇON DE GÉOGRAPHIE (L'ARRONDISSEMENT).

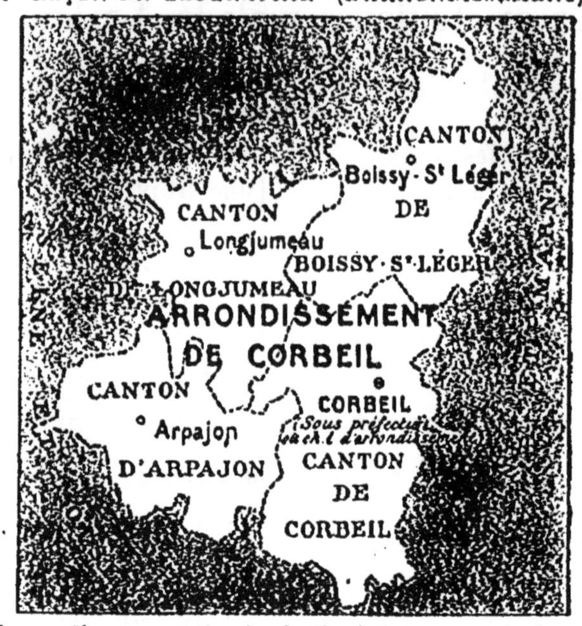

Arrondissement de Corbeil divisé en 4 cantons.

14e LEÇON D'HISTOIRE NATURELLE (AMPHIBIES).

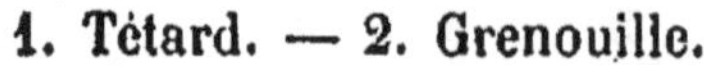

1. Têtard. — 2. Grenouille.

3. Crapaud.

30e LEÇON DE LECTURE ET D'ÉCRITURE.

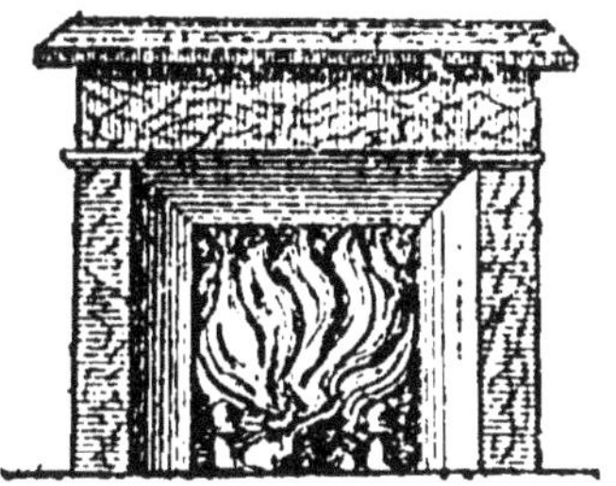

Feu.

H U Y O C G E S L P F B R D A N M I J
h u y o c g e s l p f b r d a n m i j

eu — *eu*

(U ne se prononce pas)

1er Exercice.

feu ; jeu ; meule ; neuve ; peureux ; heureux ; seule ; neveu ; beurre ; veuve ; fleuve ; pleurer ; demeure ; vareuse ; heure ; jeune ; peu ; jeudi.

2me Exercice.

Le feu est allumé depuis une heure. Le laboureur cultive la terre. Brosse la vareuse du soldat. La fermière porte le beurre à la ville voisine. Le facteur porte les lettres à domicile. Le docteur soulage le malade. Le pieu de la clôture. Il déjeunera avec moi jeudi à dix heures.

3me Exercice.

Apporte le jeu de loto — Le rémouleur tourne sa roue — La vapeur forme les nuages — Le sinapisme calmera la douleur — Modère l'ardeur du mineur — Le voleur a pénétré dans la cuisine — La giroflée est une fleur — Le fleuve court à la mer — Ne frappe pas cet animal.

Modèle d'écriture.

Le Havre, Ulysse, l'Yonne.

36e LEÇON D'ORTHOGRAPHE ET DE GRAMMAIRE.

1re Dictée.

Il fera une meule de blé près de la ferme. Il est dix heures du soir. Le docteur fera une visite à la veuve. Apporte le jeu de cartes sur la table. Je suis seul toute la journée; tu mettras ta vareuse pour sortir. L'élève profite du jeudi pour se promener.

2me Dictée.

tu es heureux du succès de notre frère. Sa blouse est neuve. La demeure du facteur est près d'ici. Le fer est le métal le plus utile. La vapeur a brûlé la figure de l'ouvrier. Il fera couper ses cheveux. L'aveugle ne voit pas du tout la lumière.

1er Exercice.

Une meule; le blé; la ferme; le docteur; une visite; la veuve; la table; la journée; la vareuse; l'élève; notre frère; sa blouse; la demeure du facteur; la figure de l'ouvrier; l'aveugle; la lumière.

2me Exercice.

Je laboure la terre	tu laboures la terre	Il laboure la terre
Je cultive des salades	tu...............	Il...............
Je discute le prix	tu...............	Il...............
Je porte une lettre	tu...............	Il...............
Je place *mes* livres	tu...............	Il...............
Je casse *mes* noix	tu...............	Il...............
Je déjeune à dix heures	tu...............	Il...............
Je sème les fleurs	tu...............	Il...............

30e LEÇON DE CALCUL.

Additions à faire.

plumes	100	100	100	100	105	106	100	100	100	100	100
+	1	2	3	4	5	6	7	8	9	10	11
=											

plumes	200	300	400	500	600	700	800	900
+	2	3	4	5	6	7	8	9
=								

Additions et multiplications correspondantes.

sous	2	3	4	5	6	7	8	9	10
	2	3	4	5	6	7	8	9	10
	2	3	4	5	6	7	8	9	10
+	2	3	4	5	6	7	8	9	10
=									

	2	3	4	5	6	7	8	9	10	sous
4 fois ×	4	4	4	4	4	4	4	4	4	sous
=										

8ᵉ LEÇON DE RÉCITATION.

L'enfant.

8ᵉ LEÇON DE CHANT.

Exercices sur la gamme.

2me *Dictée :* tu arroses les plantes et les fleurs; tu creuses des trous pour transplanter les arbres verts; tu touches à tout; tu danses dans les rangs; tu coules la lessive dans la grande cuve; tu prépares les haricots pour le souper; tu excites trop le cheval.

Exercice. — Les amandiers; des amandes; des pommes; les plantes; les fleurs; les rangs; les haricots; les rubans de bonnets; des trous; les arbres verts; les vignes.

33e LEÇON DE DESSIN (CHEZ LE TAILLANDIER).

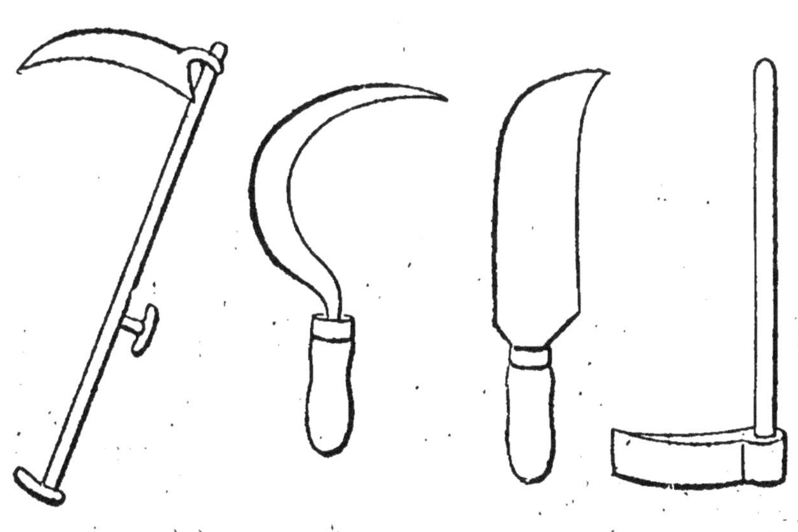

Faux. Faucille. Serpe. Cognée.

Angle

Quatre horizontales

Ligne courbe

Quatre verticales

37e LEÇON DE CALCUL.

Additions.

mètres												
	65	75	39	48	74	59	69	72	84	96	78	88
+	28	38	67	55	39	46	46	49	56	47	64	57
=												

18e LEÇON D'HISTOIRE DE FRANCE.

Château du Louvre.

8e LEÇON DE MORALE.

Un enfant porte à la mairie la bourse qu'il a trouvée.

38e LEÇON DE LECTURE ET D'ÉCRITURE.

T K Z
t k z

on - *on*

Ballon.

ou
oi
eu
an

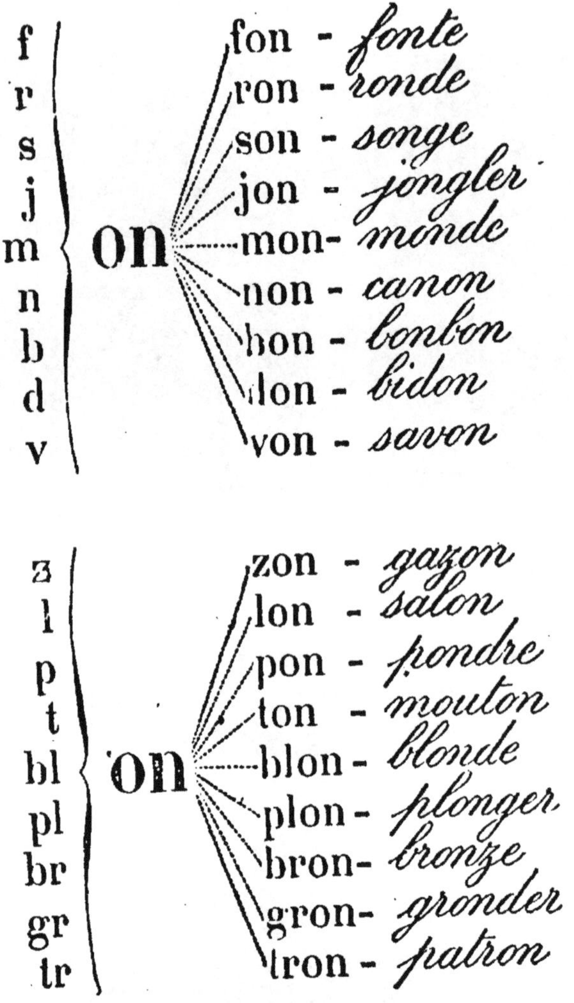

1er Exercice.

Le blé donne la farine et le son. Le ver à soie file son cocon. Lave la toison du mouton. Ma tante fera une robe avec le coupon. Nous cultiverons des melons. Simon coupe le gazon. Demande pardon à ta maman. Il a joué du piston et du violon. Je vois une montagne à l'horizon.

2me Exercice.

Le citron et l'orange — Brosse ton pantalon neuf — Le jupon blanc est à l'amidon — Lisons la page suivante — Le savon de toilette à la rose et à la violette — Frotte le bouton de la porte — Garde les bas de coton pour l'été — Mange la crème.

Modèle d'écriture.

38e LEÇON D'ORTHOGRAPHE ET DE GRAMMAIRE.

1re Dictée. — Je coupe le gazon. Je tire le canon sur le bois. Je blesse le dragon avec mon fusil. Je glane les épis avant le passage des moutons. Je verse la boisson dans le fût. Je frotte et brosse le pantalon. Je désire le ballon. Je plume le poulet. Je fane l'herbe du grand pré.

2me *Dictée.* — Tu sépares le son de la farine. Tu ourles le mouchoir de ma tante. Tu écoutes le son du piston. Tu racontes l'histoire du Petit Poucet. Tu goûtes les confitures d'abricot. Tu bordes le jupon blanc. Tu donnes des bonbons.

36e LEÇON DE CALCUL.

Soustractions.

livres		24	36	60	95	87	75	59	48
	—	12	14	35	23	24	21	32	12
	=								
billes		20	36	47	32	24	34	28	35
	—	4	9	8	6	6	7	9	7
	=								

élèves		26	57	64	45	84	92	76	85	42	68	72	94
	—	10	20	30	18	38	46	38	26	17	39	54	48
	=												
élèves		54	65	55	75	95	44	66	77	88	98	74	84
	—	37	28	36	47	58	25	37	48	29	69	39	28
	=												

Additions.

élèves		26	57	64	45	84	92	76	85	42	68	72	94
	+	10	20	30	18	38	46	38	26	17	39	54	48
	=												
élèves		54	65	55	75	95	44	66	77	88	98	74	84
	+	37	28	36	47	58	25	37	48	29	69	39	28
	=												

18ᵉ LEÇON DE GÉOGRAPHIE

Département de Seine-et-Oise.

18ᵉ LEÇON D'HISTOIRE NATURELLE (POISSONS).

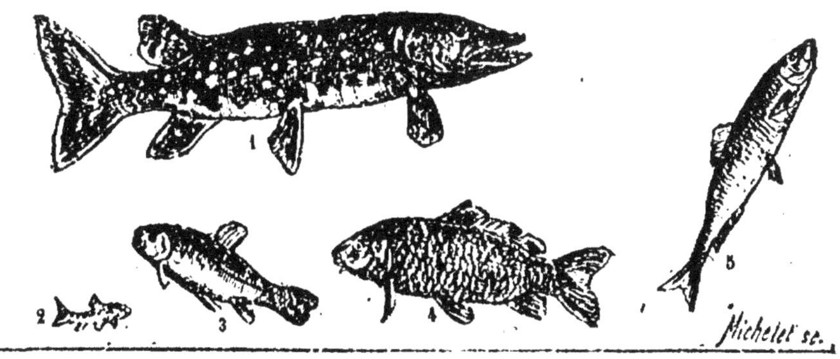

1. Brochet. — 2. Goujon. — 3. Tanche. — 4. Carpe. — 5. Hareng.

39e LEÇON DE LECTURE ET D'ÉCRITURE.

OCGESLPFBRDANMIJHUY

o c g e s l p f b r d a n m i j h u y

QVXTKZ

q v x t k z

in - *in* **un** - *un*

o-in **u-in**

Lapin.

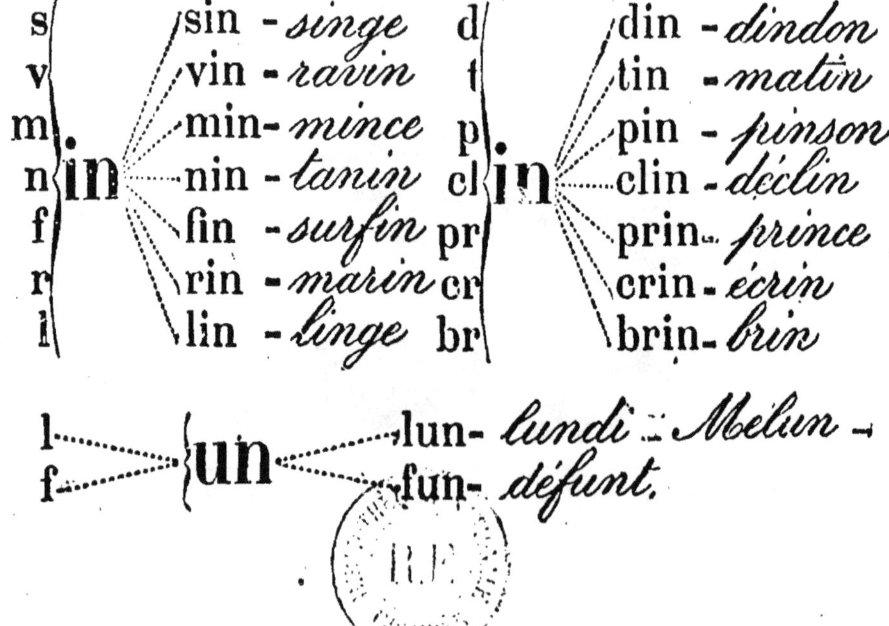

s, v, m, n, f, r, l — **in** :

sin - *singe*
vin - *ravin*
min - *mince*
nin - *tanin*
fin - *surfin*
rin - *marin*
lin - *linge*

d, t, p, cl, pr, cr, br — **in** :

din - *dindon*
tin - *matin*
pin - *pinson*
clin - *déclin*
prin - *prince*
crin - *écrin*
brin - *brin*

l, f — **un** :

lun - *lundi* - *Melun* -
fun - *défunt.*

1er Exercice.

Votre médecin est loin du village. Prenez soin du lapin. Nous coupons la toile de lin. Le vin renferme du tanin. Se lever matin procure fortune et santé. Le coq du voisin vole sur le mur du jardin. Mon cousin partira avec mon oncle. Conserve les pépins de la poire. On déjeunera lundi à onze heures. C'est le mois de juin.

2me Exercice.

Le singe grimace et danse — Le linge est blanc ou écru — Un pantalon de drap noir — Le pinson voltige sur le sapin — L'odeur du jasmin m'est agréable — La voiture de Melun part à cinq heures — Le défunt sera transporté à Paris.

Modèle d'écriture.

O C G E S L P F

B R D A N M T

30e LEÇON DE GRAMMAIRE ET D'ORTHOGRAPHE.

1re *Dictée.* — Il se lève matin pour avoir fortune et santé. Il arrose les légumes du jardin. Le singe imite l'homme. Le lapin mange les plantes. Elle coupe la toile de lin. La cuisinière prépare le dindon et le canard. Il invite dix personnes à déjeuner lundi. Elle lave le linge de table.

2me *Dictée.* — Le pinson vole sur les poiriers du jardin et mange les insectes. La résine des sapins coule sur le tronc. La roue du moulin tourne le jour et la nuit. La boule roule sur le tapis vert. Le jeu amuse l'élève.

34e LEÇON DE DESSIN (SUR LA TABLE).

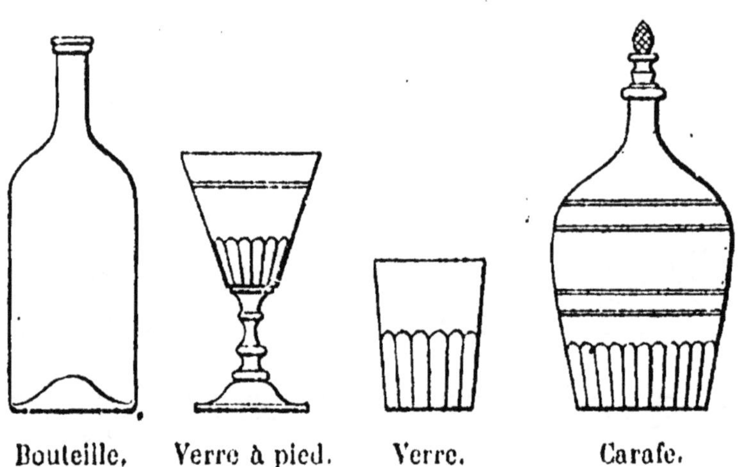

Bouteille. Verre à pied. Verre. Carafe.

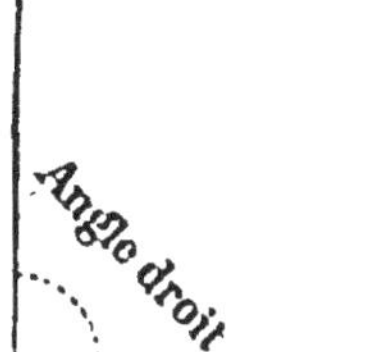

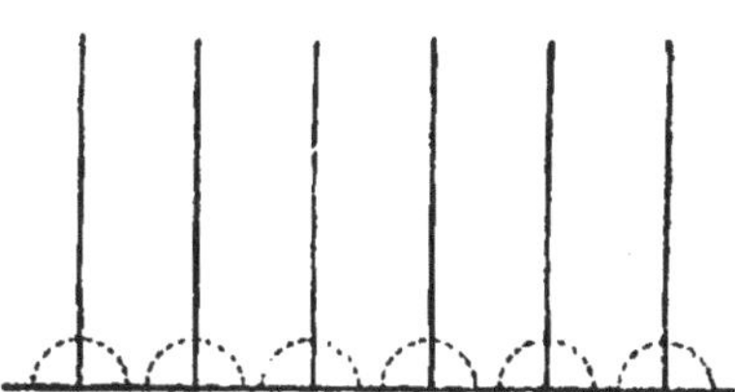

Angle droit.

39° LEÇON DE CALCUL.

Additions et multiplications correspondantes.

lapins	2	3	4	5	6	7	8	9	10
	2	3	4	5	6	7	8	9	10
	2	3	4	5	6	7	8	9	10
	2	3	4	5	6	7	8	9	10
+	2	3	4	5	6	7	8	9	10
=									

	2	3	4	5	6	7	8	9	10 lapins
5 fois (×)	5	5	5	5	5	5	5	5	5 lapins
=									

10° LEÇON D'HISTOIRE DE FRANCE.

Henri IV est assassiné.

8e LEÇON D'INSTRUCTION CIVIQUE.

Le suffrage universel.

40e LEÇON DE LECTURE ET D'ÉCRITURE.

ABCDEFGHIJKLMNOPQRS

a b c d e f g h i j k l m n o p q r s

TUVXYZ

t u v x y z

Récapitulation.

oi — ou — eu — an — on

in — un

1er Exercice.

vous; loi; trou; long; coi; plan; peu; fou; foi; pin; sans; mon; proie; toux; grand; croup; poix; pont; banc; fond; mois; fou; tan; tronc; droit; clou; pan; joie; gland; rond; roi; dans; roue; non; pou; voix; feu; fin; soi; tout; ton; froid; cou; son; jeu; bon; tant; toi; don; noix; sou; gond; lin; moi; gant; vin; poids; croix; trois.

2me Exercice.

Il porte toujours du linge fin et blanc — Selon votre désir, nous partirons ce soir par la voiture de Melun — Le jeudi est un jour de congé pour les écoles — Outre votre page d'écriture, vous ferez un devoir de calcul avant votre départ.

Vous trouverez sur notre table des plumes, une règle, un porteplume et un cahier.

3me Exercice.

Vous parleriez contre la vérité si vous disiez cela. Nous donnerons trois francs pour notre place dans la voiture. Vingt sous font un franc. Nous irons à la promenade après midi.

Modèle d'écriture.

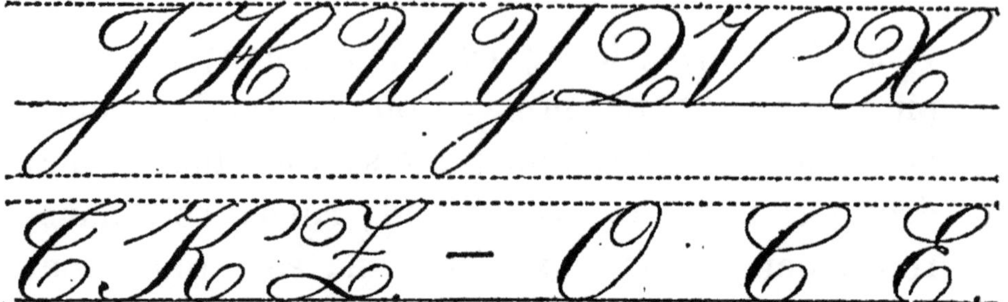

40e LEÇON D'ORTHOGRAPHE ET DE GRAMMAIRE

1re Dictée.

Vous avez placé le sac de coke. Tu partiras le matin de bonne heure. Papa m'a grondé très fort. Tu pèseras un kilogramme de poudre. On peut ouvrir les fenêtres. Tu as planté un litre de haricots et un demi-litre de fèves. Léon a joué dans l'école; il a été puni. Il y a dans ce sac un double décalitre de blé. L'horloger a réparé ma montre pour cinq francs. Le chemin de fer passe près du village.

2me Dictée.

Le sinistre a épouvanté tout le monde. Tu recevras dans le salon. Le froid est vif depuis hier. Vous irez à Paris sans nous. Mes gants sont sur la table de la salle à manger. Le vin rouge est à moi; le vin blanc est à toi. Les noix ont fort bon goût. Non, je ne reste pas ce soir. Oui, il fera son devoir.

1er Exercice.

moi	je	parl-e.	nous tous, nous	parl...ons
toi	tu	parl-es	vous tous, vous	parl...ez
lui	il	parl-e.	eux tous, ils	parl...ent

2me Exercice.

Labour**er**, cultiv**er**, discut**er**, port**er**, plac**er**, cass**er**, déjeun**er**, sem**er**, plant**er**, mang**er**, demand**er**, flân**er**, dévor**er**, arros**er**, dans**er**, coul**er**, excit**er**, prépar**er**, frott**er**, bross**er**.

10e LEÇON DE CALCUL.

	2	4	6	8	3	9	7	5	10	livres
2 fois ×	2	2	2	2	2	2	2	2	2	
=										livres.

	3	6	2	7	4	8	5	9	10	livres.
3 fois ×	3	3	3	3	3	3	3	3	3	
=										livres.

	2	3	4	5	6	7	8	9	10	livres.
4 fois ×	4	4	4	4	4	4	4	4	4	
=										livres.

	2	3	4	5	6	7	8	9	10	livres.
5 fois ×	5	5	5	5	5	5	5	5	5	
=										livres.

10e LEÇON DE GÉOGRAPHIE.

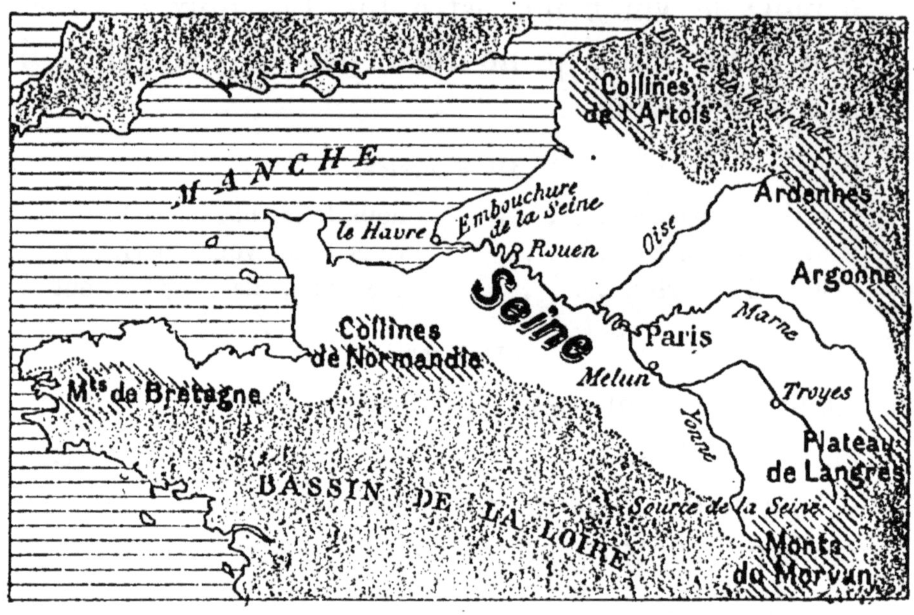

Bassin de la Seine.

10e LEÇON D'HISTOIRE NATURELLE (INSECTES).

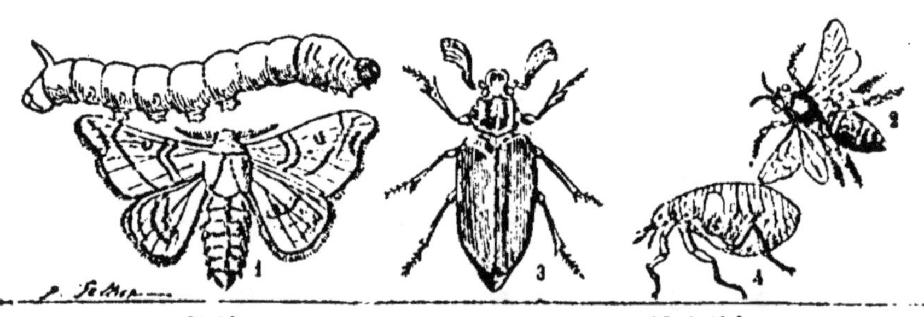

Utiles.	*Nuisibles.*
1. Ver à soie (chenille et papillon).	3. Hanneton.
2. Abeille.	4. Puce.

41e LEÇON DE LECTURE ET D'ÉCRITURE.

ch — *ch* ou, oi, eu, an, on, in, un

ch
a - cha - châle - *charité* - chaleur
e - che - *cheval* - niche - *hache*
i - chi - *chimère* - *machine* - *chiche*
o - cho - chose - chocolat - *chômer*
u - chu - chute - *chuchoter*
oi - choi - choisir - *anchois*
ou - chou - *choucroûte*
an - chan - chanson - *chantre*
on - chon - *torchon* - *cochon*

1er Exercice.

La vache mange la luzerne. La mèche fume. Les cheveux du nègre sont crépus. Tu as déchiré ton pantalon. As-tu porté la dépêche chez ton cousin? Le bûcheron coupe le bois avec sa hache. Le cheval transporte les fagots. La ruche bourdonne dans le jardin. Le châle de maman est rouge.

2me Exercice.

La chaleur dilate les corps — La pêche est un bon fruit — Achète du chocolat surfin Charme tes loisirs par l'étude — Chacun pour soi est une maxime détestable — Le brochet se nourrit de petits poissons.

Modèle d'écriture.

Un véritable ami est un trésor.

41e LEÇON D'ORTHOGRAPHE ET DE GRAMMAIRE.

Dictée.

Le cheval transporte les bagages. Il chante une chanson nouvelle. Le chanvre et le lin donnent de la toile. Tu chuchotes toujours et tu n'écris pas. Elle porte son châle sur son bras. Le riche fournira des secours. Le pêcheur a pris un brochet très gros. Tu manges du chocolat le matin. Il cherche un bûcheron.

1er Exercice.

moi... parle toujours	vous, vous... trop	.... parlons très vite
toi.... parles —	eux, ils........ —	moi, ... —
lui.... parle —	toi, tu......... —	.... parlent —
nous.. parlons —	moi, je........ —	.... parles —
vous.. parlez —	lui, il.......... —	lui, ... —
eux... parlent —	nous, nous... —	.... parlez —

2me Exercice.

PRÉSENT

singulier	je parl-e mal tu parl-es mal il parl-e mal	pluriel	nous parl-ons mal vous parl-ez mal ils parl-ent mal

---

41e LEÇON DE CALCUL.

Additions et multiplications correspondantes.

vaches		2	3	4	5	6	7	8	9	10
		2	3	4	5	6	7	8	9	10
		2	3	4	5	6	7	8	9	10
		2	3	4	5	6	7	8	9	10
		2	3	4	5	6	7	8	9	10
	+	2	3	4	5	6	7	8	9	10
	=									

	2	3	4	5	6	7	8	9	10	vaches.
6 fois ×	6	6	6	6	6	6	6	6	6	
=										vaches.

2 fois 1 font..	**3 fois 2 font..**	**4 fois 5 font..**	**5 fois 7 font..**
2 — 9 —	**3 — 5 —**	**4 — 9 —**	**5 — 2 —**
2 — 7 —	**3 — 10 —**	**4 — 2 —**	**5 — 6 —**
2 — 2 —	**3 — 7 —**	**4 — 4 —**	**5 — 1 —**
2 — 5 —	**3 — 1 —**	**4 — 10 —**	**5 — 10 —**

2 fois 3 font	3 fois 4 font	4 fois 8 font	5 fois 3 font
2 — 10 —	3 — 9 —	4 — 1 —	5 — 8 —
2 — 8 —	3 — 3 —	4 — 6 —	5 — 5 —
2 — 6 —	3 — 8 —	4 — 3 —	5 — 4 —
2 — 4 —	3 — 6 —	4 — 7 —	5 — 9 —

Additions.

francs								
	148	429	375	928	629	572	348	484
+	235	548	298	69	295	295	586	278
—								

9e LEÇON DE RÉCITATION.

L'enfant grondé.

9e LEÇON DE CHANT (EXERCICES SUR LA GAMME).

8e LEÇON DE GYMNASTIQUE.

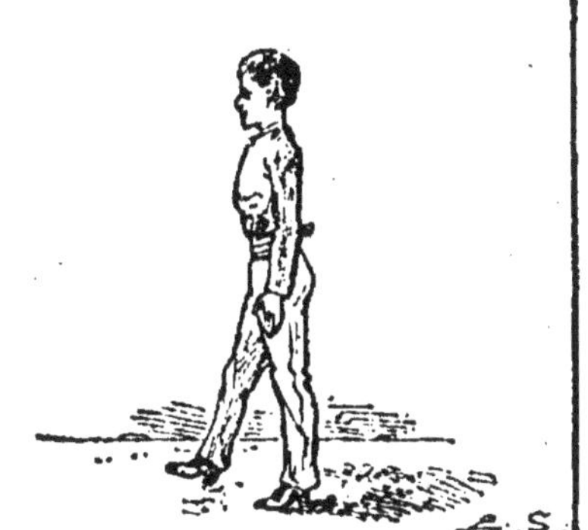

Flexion et extension simultanée et latérale des bras en 4 temps.
Par le flanc droite. Droite! — Par le flanc gauche. Gauche!

12e LEÇON DE LECTURE ET D'ÉCRITURE.

gn - *gn*

an on un in
oi ou eu

Pêcheur à la ligne.

gn
e -gne -vigne
a -gna -signal
o -gno -ignorant
i -gni -lignite
u -gnu -rognure
on -gnon -ognon

1er Exercice.

Les vignes de la Bourgogne. Octave chantera seul. L'ignorant croit tout savoir. La cuisinière a préparé des rognons. Le chef de gare donne le signal du départ. Louis neuf a régné sur la France. Nous avons vu les montagnes des Alpes. Charles gagnera son procès devant le tribunal. Regardez dans la gravure le pêcheur à la ligne.

2me Exercice.

Il y a plusieurs espèces de lignes: la ligne droite, la ligne brisée et la ligne courbe — L'ignorance toujours mène à la servitude — Le caporal aligne ses soldats — Une fièvre maligne se déclare — La signature du témoin est très lisible — Il fera le signe de la croix — Il est digne de votre intérêt — Soigne la vigne.

Modèle d'écriture.

La Loire est un fleuve.

42e LEÇON D'ORTHOGRAPHE ET DE GRAMMAIRE.

Dictée. — Tu cultives la vigne avec succès. Tu récolteras de bon vin avec tes plants de choix. Signe le contrat avant de partir. Sa conduite est très digne. Il restera ignorant toute sa vie s'il ne va pas à l'école. Nous visiterons les montagnes du Jura. Vous avez pêché une belle tanche et trois truites. Les moucherons poursuivent le cheval.

1er Exercice.

je	retarde	ma	montre	je	cultive,	mes	terres
tu	—	ta	—	tu	—	tes	—
il	—	sa	—	il	—	ses	—
nous	—	notre	—	nous	—	nos	—
vous	—	votre	—	vous	—	vos	—
ils	—	leur	—	ils	—	leurs	—

2me *Exercice.* — éplucher; tirer; faner; désirer; séparer; ourler; écouter; raconter; plumer; goûter ; larder ; se lever ; arroser ; manger ; imiter; brouter; inviter; voler; rouler.

3me Exercice.

mon	ma	mes
ton	ta	tes
son	sa	ses

notre	nos
votre	vos
leur	leurs

38e LEÇON DE DESSIN (ON VA PRENDRE LE THÉ).

Tasse et soucoupe. Théière. Sucrier.

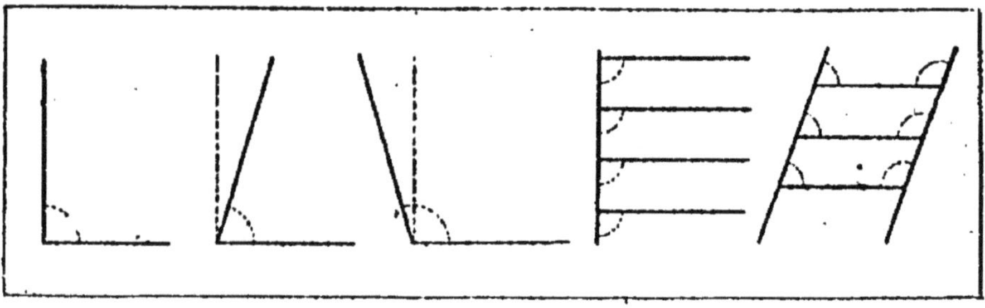

Angle droit. Angle aigu. Angle obtus. Différents angles

42e LEÇON DE CALCUL.

soldats								
	258	364	574	436	629	388	589	278
	149	288	228	294	194	277	235	266
+	328	189	199	179	168	299	198	377
=								

Soustractions.

									francs
Jules a...	275	386	528	142	475	222	333	444	
il dépense	158	259	319	126	426	215	315	415	
il lui reste									

17ᵉ LEÇON D'HISTOIRE DE FRANCE.

Louis XIV et le château de Versailles.

9ᵉ LEÇON DE MORALE (NOUS SOMMES TOUS FRÈRES).

Le dévouement.

43e LEÇON DE LECTURE ET D'ÉCRITURE.

eu ou oi un an on in

ill *ill*

ch *gn*

Treille.

ill
- a - illa - *taillable*
- e - ille - *futaille*
- i - illi - *faillite*
- u - illu - *souillure*
- ou - illou - *caillou*
- on - illon - *bouillon*
- an - illan - *vaillant*

1er Exercice.

On fera de la litière avec la paille de blé. Les feuilles de votre livre sont propres. Le cantonnier met des cailloux sur la route. Le marchand a déclaré sa faillite. La volaille de Bresse est renommée. Arrache le clou avec les tenailles. Le général a perdu la bataille. La rouille ronge le fer.

Vous ferez du bouillon pour le malade — La muraille est couverte de poussière — Le vaillant soldat a gagné la médaille — Le zouave a bravé la mitraille — La futaille est vide depuis dimanche — Montre-moi le brouillon de la lettre.

Modèle d'écriture.

Louis neuf ou Saint Louis fut un grand roi. F G

43e LEÇON D'ORTHOGRAPHE ET DE GRAMMAIRE.

Dictée. — La fanfare a joué dimanche sur la promenade. Les jardiniers taillent les arbres dans le mois de février ou de mars. Nous travaillons à la recette des finances. Les feuilles des arbres jonchent la terre. La mitraille éclate de tous côtés. Jean est mouillé et sèche ses habits. Vous bataillez toujours contre moi.

1er Exercice.

Un gros *chou*, deux..... Le joli *bijou*, les..... Mon *genou*, mes....... Je protège le *hibou*, nous...... Tu achètes un *joujou*, vous..... Tu casses le *caillou*, vous.....

2me *Exercice.* m... poche ; m... pantalon ; m... amis ; t... cahier ; t... règle ; t... plume ; s... habit ; s... maman ; s... doigts ; m... cheval ; v... bouillon ; v... tenailles ; l... bonté ; n... choux ; t... cousins.

3me Exercice.

	Masculin.	*Féminin.*
singulier	je suis petit	je suis petit-e
	tu es petit	tu es petit-e
	il est petit	elle est petit-e
pluriel	nous sommes petit-s	nous sommes petit-es
	vous êtes petit-s	vous êtes petit-es
	ils sont petit-s	elles sont petit-es

43e LEÇON DE CALCUL.

Additions et multiplications correspondantes.

décalitres	2	3	4	5	6	7	8	9	10
	2	3	4	5	6	7	8	9	10
	2	3	4	5	6	7	8	9	10
	2	3	4	5	6	7	8	9	10
	2	3	4	5	6	7	8	9	10
	2	3	4	5	6	7	8	9	10
+	2	3	4	5	6	7	8	9	10
=									

7 fois		2	3	4	5	6	7	8	9	10 décalitres.
	×	7	7	7	7	7	7	7	7	7 décalitres.
	=									

	1°	2°	3°	4°	5°	6°
Je dois à 6 personnes.	258 fr.	324 fr.	648 fr.	459 fr.	746 fr.	322 fr.
Je leur donne	195 fr.	275 fr.	474 fr.	282 fr.	528 fr.	298 fr.
Je leur dois encore..	fr.	fr.	fr.	fr.	fr.	fr.

17e LEÇON DE GÉOGRAPHIE.

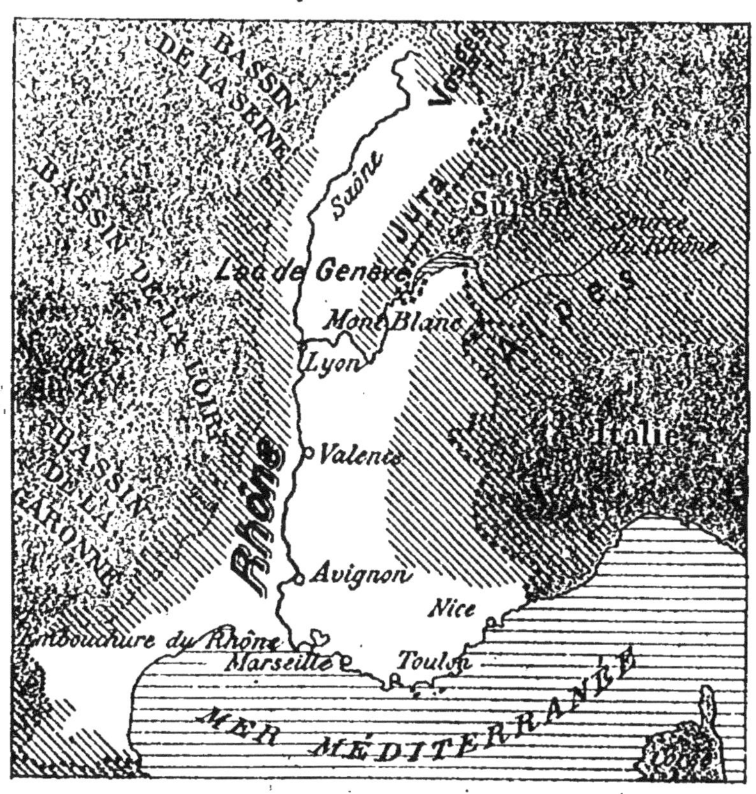

Bassin du Rhône

17e LEÇON D'HISTOIRE NATURELLE (MOLLUSQUES ET ZOOPHYTES).

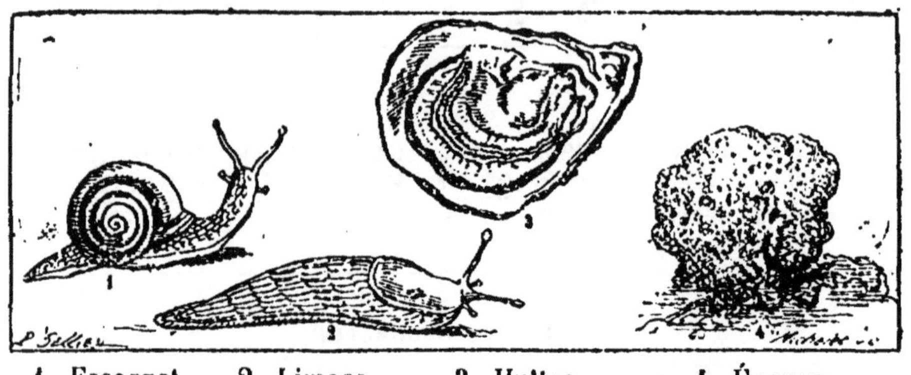

1. Escargot 2. Limace 3. Huître 4. Éponge

44e LEÇON DE LECTURE ET D'ÉCRITURE.

ch gn ill

ph - f qu - q gu - g

ph-f qu-q gu-g

1er Exercice.

La fanfare a joué sur la place publique. Qui est là? Que voulez-vous? A quoi réfléchis-tu? La guérite du soldat devant la demeure du général. Le phoque se trouve dans les mers glaciales du Nord et du Sud. Le dogue garde la ferme. Il joue de l'orgue à la cathédrale. La toque du juge est noire. Achète une bague.

2me exercice.

La guêpe m'a piqué sur le front — La phrase est trop longue — Irez-vous à la pharmacie? — Il n'a pas qualité pour parler — A quand votre visite? — Le phosphore est dangereux — Le guide me conduira dans la montagne — La figue est le fruit du figuier — Le malade guérira — Mettez chaque chose à sa place — A chacun de nos droits correspond un devoir — Le coquelicot et le bluet dans les blés — La récolte du gui par les druides sur le chêne — De quoi parles-tu? — Le phare avertit le navire — Il prodigue sa fortune et sa santé — C'est un orphelin — La veuve file sa quenouille près de son feu.

Il est sage de réfléchir avant de parler

Modèle d'écriture.

Un véritable ami est un trésor.

14e LEÇON D'ORTHOGRAPHE ET DE GRAMMAIRE.

1re Dictée.

La figue est un fruit du midi. Tu es prodigue. Octave est petit. Octave et Jules sont petits. Je suis devenu philosophe. Elle est dans l'église près de l'orgue. Nous sommes libres de sortir. Les marins ne redoutent guère les vagues. Les coquelicots sont rouges. Nos amis visitent le navire de guerre. Marie est petite. Louise et Julie sont petites.

2me Dictée.

Par qui ferez-vous cultiver votre jardin? Tu es libre ce soir jusqu'à sept heures. Comptons les poussins : un, deux, trois, quatre, cinq, six, sept, huit, neuf, dix; ils sont dix qui suivent la poule. Quand vous voudrez sortir, vous me le direz. Une place pour chaque chose et chaque chose à sa place.

Exercice.

SINGULIER	PLURIEL		
je	nous	indiquent ceux	qui parlent et sont de la 1re personne.
tu	vous	—	à qui l'on parle et sont de la 2me personne.
il, elle	ils, elles	—	de qui l'on parle et sont de la 3me personne.

36e LEÇON DE DESSIN.

CGOQUJDPBRS

Coque — Juge — Sucre — Bipède.

Lettres renfermant des lignes courbes.

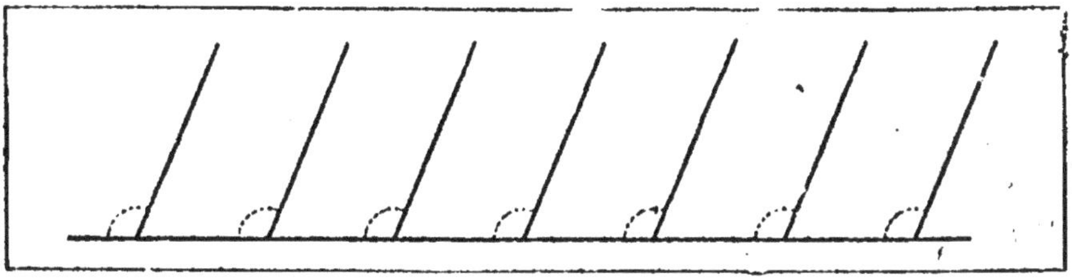

Angles et obliques.

44e LEÇON DE CALCUL.

sous	+	10	11	12	13	14	20	21	22	23	24
	=	10	11	12	13	14	20	21	22	23	24

2 fois	×	10	11	12	13	14	20	21	22	23	24	sous
	=	2	2	2	2	2	2	2	2	2	2	sous

sous	+	30	31	32	33	34	40	41	42	43	44
	=	30	31	32	33	34	40	41	42	43	44

2 fois	×	30	31	32	33	34	40	41	42	43	44	sous
	=	2	2	2	2	2	2	2	2	2	2	sous

	8	1	6	4	2	9	7	5	3	10	sous
×	6	6	6	6	6	6	6	6	6	6	
=											sous
	1	8	4	6	9	2	5	7	10	3	sous
×	7	7	7	7	7	7	7	7	7	7	
=											sous

18e LEÇON D'HISTOIRE DE FRANCE (LES 3 ORDRES DE DEPUTES)

Député du clergé. Député de la noblesse. Député du Tiers-état.

9e LEÇON D'INSTRUCTION CIVIQUE (LE POUVOIR LEGISLATIF).

La Chambre actuelle des députés.

48e LEÇON DE LECTURE ET D'ECRITURE.

o-au-eau — *o-au-eau*

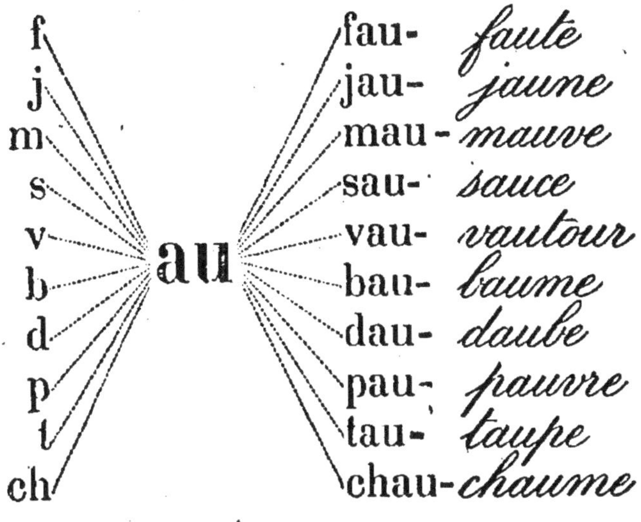
f
j
m
s
v
b
d
p
t
ch
au
fau- faute
jau- jaune
mau- mauve
sau- sauce
vau- vautour
bau- baume
dau- daube
pau- pauvre
tau- taupe
chau- chaume

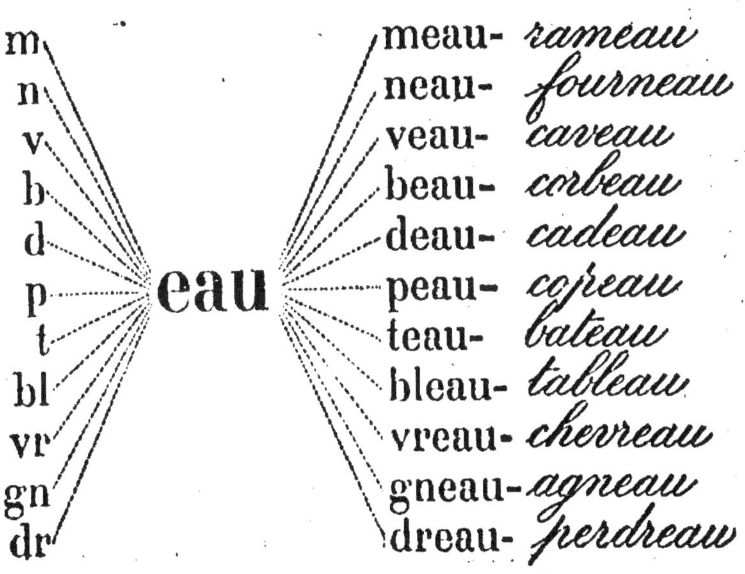
m
n
v
b
d
p
t
bl
vr
gn
dr
eau
meau- rameau
neau- fourneau
veau- caveau
beau- corbeau
deau- cadeau
peau- copeau
teau- bateau
bleau- tableau
vreau- chevreau
gneau- agneau
dreau- perdreau

1er Exercice.

Nous avons appris le Nid de fauvette dans notre livre. L'eau du seau est filtrée. Auguste a planté des saules sur les bords du ruisseau. L'oiseau chante près des roseaux. Le corbeau mange le blé du champ. Le taureau est méchant. Mon chapeau et mon manteau. L'instituteur achètera un autre tableau. La faux et le couteau. Le taureau furieux.

2me Exercice.

Le pauvre petit agneau fut mangé par le loup — Le troupeau suit le berger — Le mois de juin est chaud cette année — On a établi un fourneau économique dans la ville — L'architecte a construit un beau château — Tu feras la sauce du saumon et du perdreau.

Ils sont trop verts, dit-il, et bons pour des goujats.

Modèle d'écriture.

Soyez polis avec tout le monde.

48e LEÇON D'ORTHOGRAPHE ET DE GRAMMAIRE.

Dictée. — Tu as coupé le rameau de l'arbuste. Le bec du merle est jaune. Allez chercher un seau d'eau dans la citerne. Nous avons de la mauve pour la tisane. Il y a onze fautes dans la dictée du matin. Il a gardé la peau du renard. Vous avez vu le tableau noir dans l'école. Le corbeau et le vautour sont des oiseaux de proie. Les ciseaux de ma mère ne coupent plus.

1er Exercice.		2me Exercice.	
le couteau neuf	les. . . .	je suis bon	n. . . . .
mon tableau noir	m	tu es juste	v. . . . .
ce rameau flexible	c.	il est fort	ils . . . .
notre petit caveau	n.	tu es droite	vous . . .
votre beau cadeau	v.	je suis vigilante	nous . . . .
leur jeune chevreau	l	la blouse est courte	les . . . .
un joli bateau	deux. . .	elle est ronde	elles . . .
son grand fourneau	s.	tu chantes une chanson	vous . .
le joli bateau	la. . . fête	les	les . . . . .
le petit oiseau	la . . .chèvre	les	les . . . . .
un mot très court	une fable .	des.	des . . . . .
mon gilet gris	ma robe . .	mes.	mes. . . . .
ce bonnet noir	cette toque .	ces	ces . . . . .

48e LEÇON DE CALCUL.

7 fois	0	font	......	7 fois	5	font	......	6 fois	4	font	......
7 —	4	—	......	7 —	3	—	......	6 —	10	—	......
7 —	10	—	......	7 —	7	—	......	6 —	8	—	......
7 —	6	—	......	6 —	1	—	......	6 —	2	—	......
7 —	2	—	......	6 —	6	—	......	6 —	5	—	......
7 —	8	—	......	6 —	9	—	......	6 —	7	—	......
7 —	1	—	......	6 —	0	—	......	6 —	3	—	......
7 —	9	—	......								

	9	8	9	5	2	3	4	8	8	10	5	9	8	10	10	6	francs.
×	2	3	4	6	7	6	4	2	6	2	7	7	4	4	3	6	
=																	francs.

	3	8	4	9	7	4	2	3	3	9	10	6	5	9	8	10	10	4	2	3	fr.
×	3	5	6	5	7	5	3	7	5	6	6	7	5	3	7	5	7	7	6	4	
=																					fr.

	11	11	11	11	11	11	11	11	12	12	12	13	13	14	francs.
×	2	3	4	5	6	7	8	9	2	3	4	2	3	2	
=															francs.

	21	21	21	22	22	22	23	23	24	31	31	41	francs.
×	2	3	4	2	3	4	2	3	2	2	3	2	
=													francs.

18e LEÇON DE GÉOGRAPHIE.

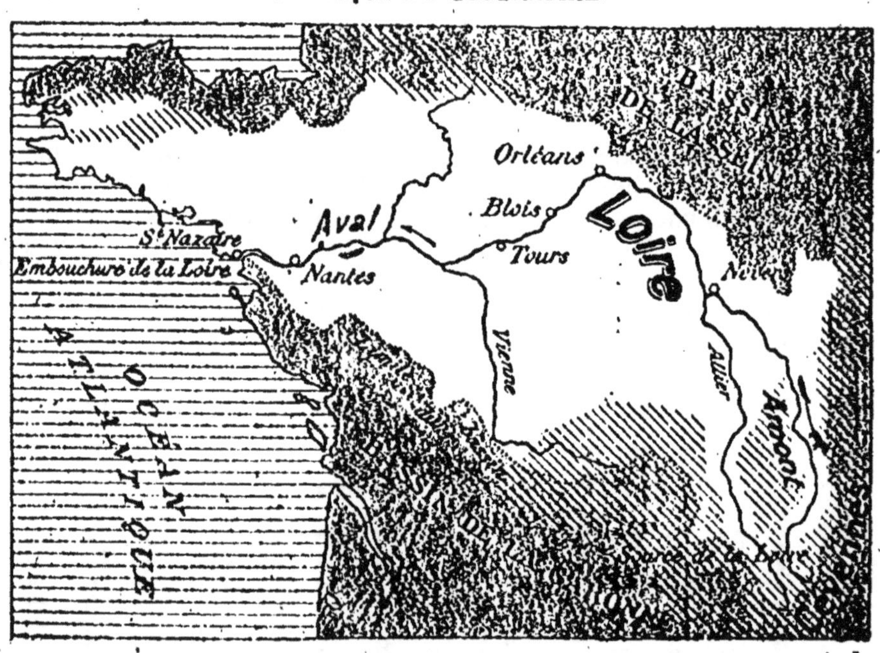

Bassin de la Loire.

18e LEÇON D'HISTOIRE NATURELLE (PLANTES).

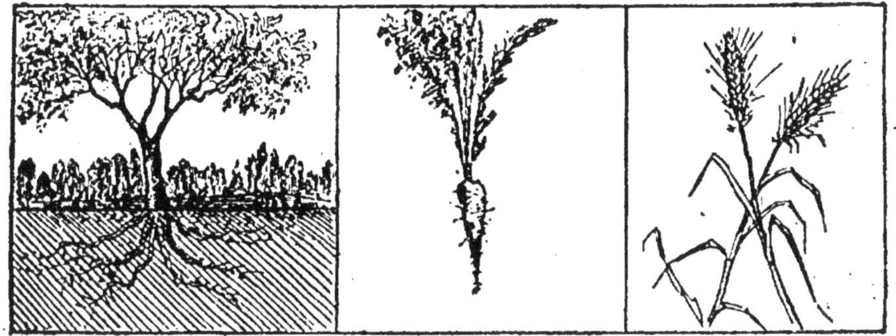

Arbre. Carotte. Blé.

46e LEÇON DE LECTURE ET D'ÉCRITURE.

è ai ei - *è ai ei* 13 (treize)

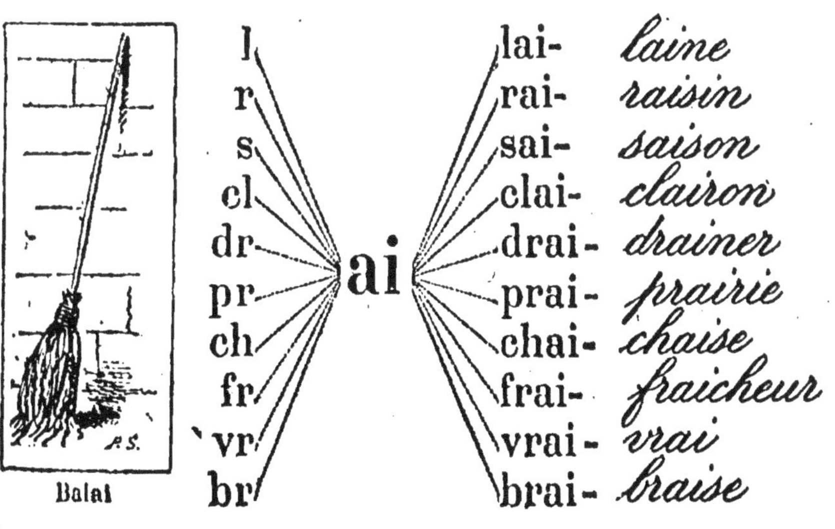

Balai

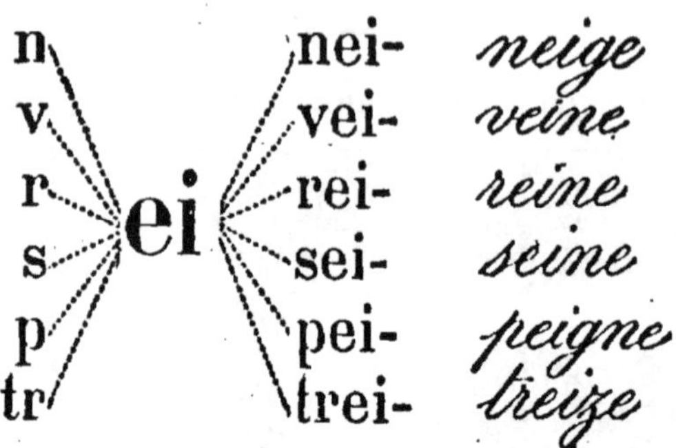

1er Exercice.

Aide-toi, le ciel t'aidera. Le maire a mis son écharpe pour le mariage. Le mois de mai est le mois des fleurs. On dit : gai comme un pinson. J'ai fait quatre kilomètres avant la nuit. Le sang coule dans les veines et les artères. La Seine est le fleuve qui passe à Paris et qui se jette dans la Manche. On fait du drap avec la laine.

2me Exercice.

La vache nous donne le lait avec lequel on fait le beurre et le fromage — Le maître est sévère mais bon — Je te fais de la peine — La neige tombe et la terre est glacée — Il court à perdre haleine — Le clairon sonne — L'air est frais ce soir.

J'aime mieux un franc ennemi
Qu'un ami qui m'égratigne.

Modèle d'écriture.

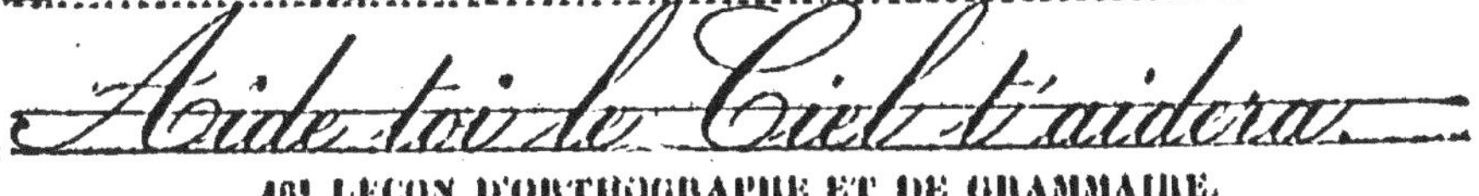

46e LEÇON D'ORTHOGRAPHE ET DE GRAMMAIRE.

1re Dictée.

Le clairon sonne plusieurs fois par jour. Les vignes produisent le raisin. Mes cousines ont un fichu de laine. Donnez quelques sous à ce pauvre homme. La Seine passe à Melun, à Paris avant de se jeter dans la Manche. Nous sommes à une époque de l'année où les soirées sont fraîches. Les troupeaux paissent dans les prairies.

2me Dictée.

J'ai un couteau. Tu as des ciseaux. Il a du courage. Nous avons des noix. Vous avez dix doigts. Ils ont cinq francs. J'ai tué deux perdreaux. Tu as perdu tes ciseaux. Il a chanté le cantique. Nous avons parlé au maire. Vous avez acheté une peau de renard. Ils ont renouvelé l'air.

Exercice.

PRÉSENT		PASSÉ	
j'ai	dix doigts	j'ai	été surpris
tu as	—	tu as	—
il a	—	il a	—
nous avons	—	nous avons	—
vous avez	—	vous avez	—
ils ont	—	ils ont	—

FUTUR

j'aurai deux chevaux dans	mon	écurie	
tu auras	—	t	—
il aura	—	s	—
nous aurons	—	n	—
vous aurez	—	v	—
Ils auront	—	l	—

46e LEÇON DE CALCUL.

Additions et multiplications correspondantes

pommes		2	3	4	5	6	7	8	9	10
		2	3	4	5	6	7	8	9	10
		2	3	4	5	6	7	8	9	10
		2	3	4	5	6	7	8	9	10
		2	3	4	5	6	7	8	9	10
		2	3	4	5	6	7	8	9	10
		2	3	4	5	6	7	8	9	10
	+	2	3	4	5	6	7	8	9	10
	=									

		2	3	4	5	6	7	8	9	10	pommes
8 fois	×	8	8	8	8	8	8	8	8	8	
	=										pommes

10e LEÇON DE RÉCITATION (L'ENFANT ET LE CHAT).

10e LEÇON DE CHANT.

Exercice sur la gamme.

47e LEÇON DE LECTURE ET D'ECRITURE.

ill e eu œu

il
a-il-*travail*
e-il-*pareil*
eu-il-*fauteuil*
œ-il-*œil*

ll
i-ll-*fille*
i-ll-*papillon*
i-ll-*filleul*

1er Exercice.

La jeune fille est coquette. La poule a pondu un œuf. Le bœuf traîne la voiture ou la charrue. Il n'est pour voir que l'œil du maître. Le papillon se repose sur l'œillet. Le carillon de la cloche. Ma sœur cueille les groseilles. L'abeille bourdonne et butine sur les fleurs. N'oublions pas que nous avons une seule bouche et deux oreilles. L'arbre est dépouillé de ses feuilles.

2me Exercice.

Un pauvre petit grillon
Caché dans l'herbe fleurie
Regardait un papillon.
Voltigeant dans la prairie.

3me Exercice.

La bouteille est pleine de vin — Je porterai le deuil — Sème le cerfeuil à côté des poireaux — La raison du plus fort n'est pas toujours la meilleure — La grille du château est une merveille — L'oiseau mange les chenilles — L'asile le plus sûr est le sein d'une mère — L'œuvre du sculpteur — Le tiroir de l'armoire.

Avec leurs grands sommets, leurs glaces éternelles
Par un soleil d'été que les Alpes sont belles !

Louis quatorze résidait à

Versailles. H I J K.

47e LEÇON D'ORTHOGRAPHE ET DE GRAMMAIRE

Dictée. — Le papillon voltige dans la prairie. Les feuilles des arbres sont jaunes. J'aurai du bouillon pour le malade. Tu auras l'œuf de la poule. Il aura les groseilles blanches pour dessert. Nous aurons deux bouteilles de vin. Vous aurez les billes pour jouer. Ils auront le miel des abeilles.

Exercice.

J'ai récolté	des raisins sur les treilles	de mon	jardin
Tu as	—	t	—
Il a	—	s	—
Nous avons	—	n	—
Vous avez	—	v	—
Ils ont	—	l	—

PRÉSENT.

je	chant e	chez	moi
tu	—	—	toi
il	—	—	soi
nous	—	—	nous
vous	—	—	vous
ils	—	—	eux

PASSÉ.

j'ai	chanté hier
tu as	—
il a	—
nous avons	—
vous avez	—
ils ont	—

FUTUR.

je	chant	erai	ce soir
tu	—	eras	—
il	—	era	—
nous	—	erons	—
vous	—	erez	—
ils	—	eront	—

Exercice.

Planter des choux dans mon jardin. Réciter plusieurs fables. *(Je planterai des choux dans mon jardin. Je réciterai plusieurs fables.)*

37e LEÇON DE DESSIN (AU COIN DU FEU).

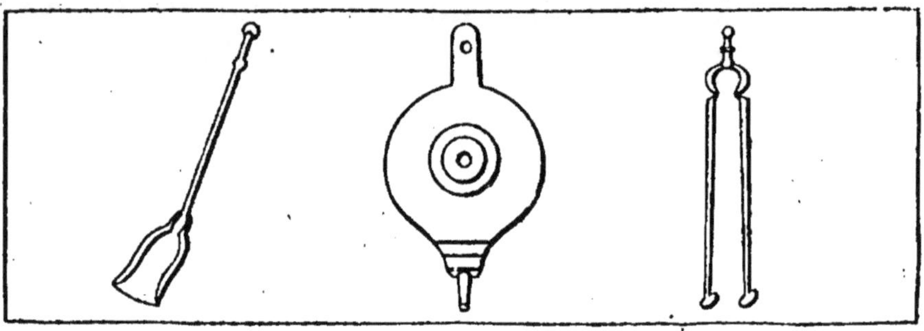

Pelle. Soufflet. Pincettes.

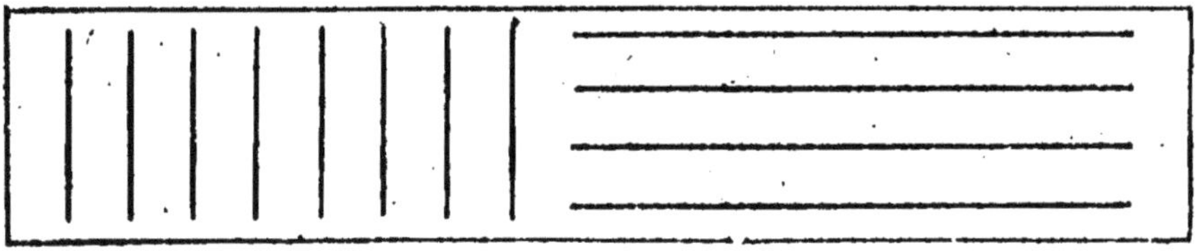

Parallèles.

47e LEÇON DE CALCUL.

	111	101	121	114	211	111	102	141	214	412	fr.
×	2	2	2	2	2	3	2	2	2	2	
=											fr.

	301	303	401	431	203	213	112	124	122	111	223	320	301	fr.
×	3	3	2	2	2	3	2	2	2	4	2	3	2	
=														fr.

francs	320	103	101	313	112	122	102	101	403	432	212	404	fr.
×	2	2	4	3	3	3	3	5	2	2	2	2	
=													fr.

francs	101	102	310	204	113	303	222	111	424	402	113	101	fr.
×	6	4	2	2	2	2	2	5	2	2	3	7	
=													fr.

francs	433	112	221	434	202	211	101	221	131	311	111	223	fr.
×	2	4	2	2	2	3	8	3	2	2	6	3	
=													fr.

19e LEÇON D'HISTOIRE DE FRANCE.

Le drapeau tricolore.

10e LEÇON DE MORALE.

Ne maltraitez pas les animaux.

48e LEÇON DE LECTURE ET D'ÉCRITURE.

an am ai eu au œu ei eau

en em

j, ch, fl, b, t, l, r, c, p, cr — **am**

jam- *be*
cham- *bre*
flam- *beau*
bam- *bou*
tam- *bour*
lam- *pe*
ram- *pe*
cam- *pagne*
pam- *pre*
cram- *pe*

m, s, v, tr, r, tr — **em**

mem- *mem* b *re*
sem- *sem* b *ler*
vem- *novem* b *re*
trem- *trem* b *le*
rem- *rem* p *lir*
trem- *trem* p *er*

fente — lenteur — menteur — pente — rente — sentier — tendre — vente — prendre — trente.

1er Exercice.

Le garde champêtre a verbalisé. Versez de l'encre dans les encriers. Qui va lentement va sûrement. L'enfant docile est aimé de ses maîtres. On a souvent besoin d'un plus petit que soi. Je suis enchanté de mon jouet. La tempête sur mer est terrible. J'aime à entendre de bonne musique.

2me exercice.

Il y a sept jours dans la semaine : lundi, mardi, mercredi, jeudi, vendredi, samedi et dimanche. — Souvenez-vous que dans la vie sans un peu de travail on n'a point de plaisir. — L'étang est rempli de poissons. — Cent centimes ou vingt sous font un franc.

Garde-toi tant que tu vivras,
De juger les gens sur la mine.

Modèle d'écriture.

Qui va lentement va sûrement.

48e LEÇON D'ORTHOGRAPHE ET DE GRAMMAIRE.

1re Dictée.

La campagne sera belle au mois de mai. Il faudra remplir la bouteille. Tu trempes les pieds dans l'eau du ruisseau. Tu porteras la lampe dans le salon. Il y a six chambres dans notre nouveau logement. On lui a coupé la jambe droite hier. Le pampre tout l'été boit les doux présents de l'aurore.

2me Dictée.

Qui veut aller loin ménage sa monture. Novembre et décembre sont les deux derniers mois de l'année. Nous avons couru à travers champs. Le Bourgogne, le Bordeaux et le Champagne sont des vins renommés. Il a saisi la bride du cheval emporté et l'a maintenu longtemps. Le rossignol se fait entendre pendant les belles nuits d'été

1er Exercice.

je serai	savant	je serai	savante
tu seras	—	tu seras	—
il sera	—	elle sera	—
nous serons	savants	nous serons	savantes
vous serez	—	vous serez	—
ils seront	—	elles seront	—

2me Exercice.

Le pieu pointu. Mon petit neveu. Le grand feu de joie. Il aime le jeu. Il a tué le chevreau. Le vœu de la majorité. Tu apporteras le flambeau. L'essieu de la voiture. La racine est petite comme un cheveu. Le chameau n'est pas beau. Mon couteau est pointu. Ton neveu est savant. Le tableau de la classe est carré. Mon fourneau est allumé. Le carreau est propre. Le poireau est un légume. Le fourreau du parapluie est déchiré. Le rameau du poirier est taillé.

48e LEÇON DE CALCUL.

Multiplications.

	111	101	310	221	111	302	201	312	212	201	121	411 fr.
×	7	9	3	4	8	2	2	2	3	3	3	2
=												fr.

	420	443	314	201	121	202	301	410	213	324	222	421 fr.
×	2	2	2	4	4	3	2	2	2	2	2	2
=												fr.

	202	103	104	131	312	203	111	211	222	423	304	224 fr.
×	4	3	2	3	3	3	9	4	4	2	2	2
=												fr.

	440	312	321	322	413	441	323	414	212	302	322 fr.
×	2	3	2	3	2	2	2	2	4	4	3
=											fr.

	442	122	444	301	313	301	321	301	311	323	301 fr.
×	2	4	2	3	3	4	3	5	3	3	6
=											fr.

10e LEÇON DE GÉOGRAPHIE.

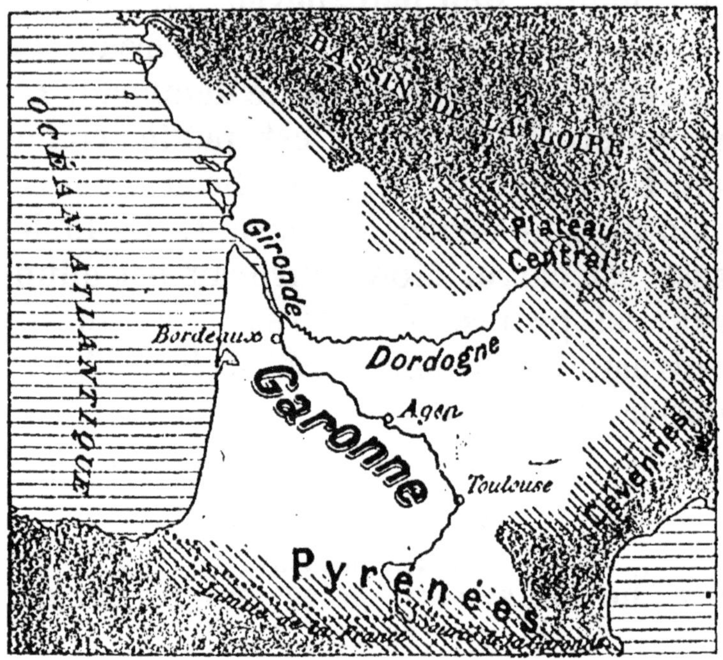

Bassin de la Garonne.

10e LEÇON D'HISTOIRE NATURELLE (LA FLEUR ET LE FRUIT).

Fleur de pommier.

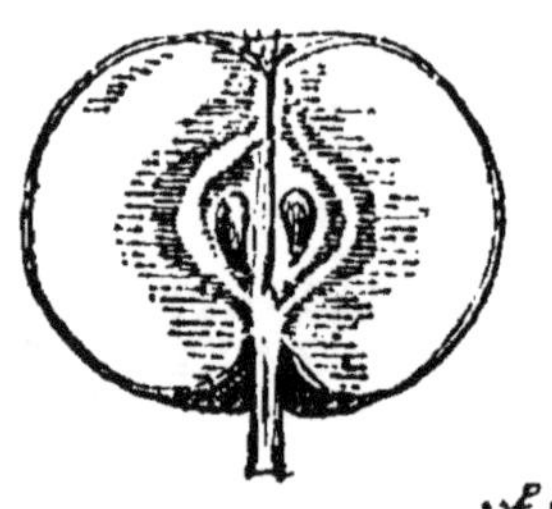

Pomme coupée en deux.

19e LEÇON DE LECTURE ET D'ÉCRITURE.

am-ai-eu-au-œu-em-ei-eau-an-en-ph-ch-ill-qu-gu-gn

on-om- sonde-sombre
un-um- alun - parfum

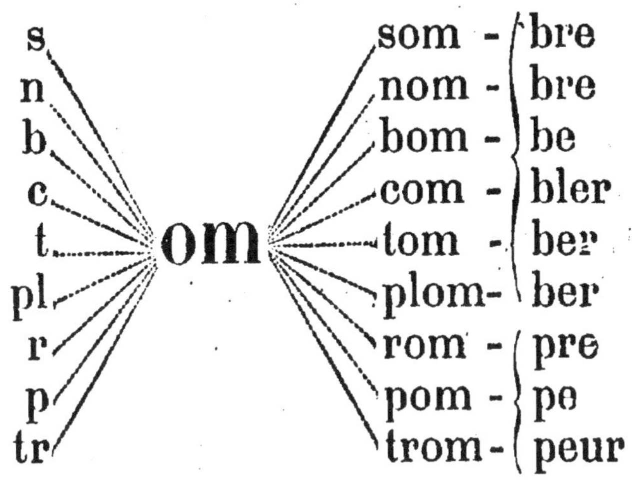

1er Exercice.

Le pompier fait l'exercice. Nous avons mangé du jambon. Le long d'un clair ruisseau buvait une colombe, quand sur l'eau se penchant une fourmis y tombe. Dites-moi votre nom. Il faut comprendre pour apprendre. La salle était comble le jour de la conférence. Votre compas est brisé.

2me Exercice.

Compère le renard se mit un jour en frais et retint à dîner commère la cigogne — Dites-moi le nom de vos doigts: le pouce, l'index, le majeur, l'annulaire et l'auriculaire — L'humble violette répand un doux parfum — Tel qui rit vendredi dimanche pleurera.

Modèle d'écriture.

L'oisiveté est la mère de tous les vices. L M N O P

49e LEÇON D'ORTHOGRAPHE ET DE GRAMMAIRE.

1re Dictée.

L'ouvrier a réparé la pompe hier. Vous puiserez de l'eau dans le ruisseau. La bombe a éclaté près de la place publique. Prenez votre compas pour dessiner. Le temps est sombre parce qu'il est couvert de nuages. Vous multiplierez ces deux nombres l'un par l'autre. Le plomb du chasseur a tué le lièvre.

2me Dictée.

Vous terminerez votre compte et vous acquitterez la facture. Nous comptons de dix à vingt : dix, onze, douze, treize, quatorze, quinze, seize, dix-sept, dix-huit, dix-neuf, vingt. — Nous comptons par dizaines de dix à cent : dix, vingt, trente, quarante, cinquante, soixante, soixante-dix, quatre-vingts, quatre-vingt-dix, cent.

Exercice.

Je suis vieux. Ma sœur est jeune. Tu es aimable. Elle sera satisfaite de moi. Je serai toujours bon pour mes parents. Tu seras utile à ta famille. Il est très intelligent, cet enfant, et montre un cœur excellent. Ma fleur sera belle au printemps. Je suis content. Tu es juste. Il est grand. Mon frère est petit. Ma sœur est gentille. Je serai utile. Tu seras poli. Il sera convenable. Elle est coquette. Elle sera économe et active.

38e LEÇON DE DESSIN (ON FAIT LA SALADE).

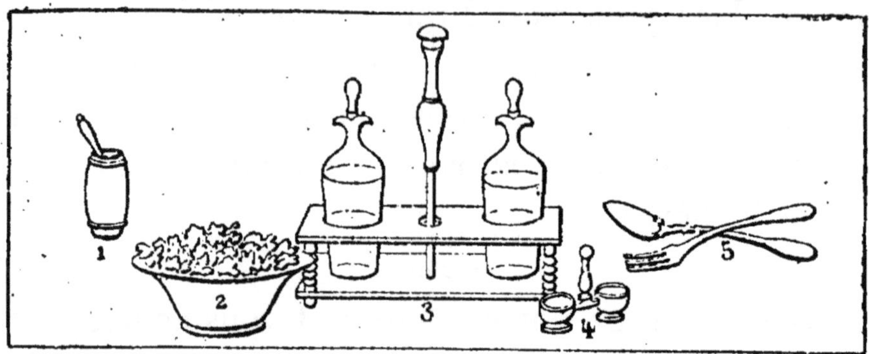

1. Moutardier. — 2. Saladier. — 3. Huilier, — 4. Salière. — 5. Cuiller et fourchette.

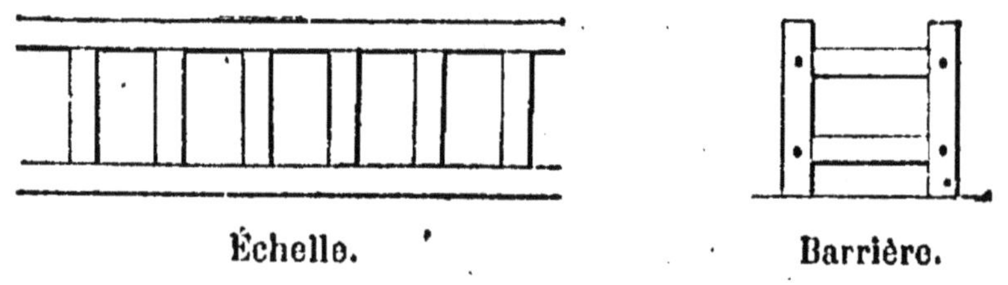

Échelle. Barrière.

49e LEÇON DE CALCUL.

Additions et multiplications correspondantes.

	2	3	4	5	6	7	8	9	10
	2	3	4	5	6	7	8	9	10
	2	3	4	5	6	7	8	9	10
	2	3	4	5	6	7	8	9	10
prunes	2	3	4	5	6	7	8	9	10
	2	3	4	5	6	7	8	9	10
	2	3	4	5	6	7	8	9	10
	2	3	4	5	6	7	8	9	10
+	2	3	4	5	6	7	8	9	10
=									

	2	3	4	5	6	7	8	9	10	prunes
9 fois ×	9	9	9	9	9	9	9	9	9	
=										prunes

Il me faudrait...	275	642	321	414	533	724	648	804	francs
J'ai seulement ...	188	578	278	385	355	675	569	736	
Il me manque....									francs

20e LEÇON D'HISTOIRE DE FRANCE.

L'ancienne Bastille. La colonne de Juillet.

10e LEÇON D'INSTRUCTION CIVIQUE (LE POUVOIR EXÉCUTIF).

Palais de l'Élysée, demeure du Président de la République.

80e LEÇON DE LECTURE ET D'ÉCRITURE.

in, im, yn, ym, ain, aim, ein

sapin, burin, simple, timbale, syntaxe, symbole, thym.

ain, aim, main, bain, faim, sainte, daim, poulain, pain.

ein, plein, peintre, sein, teindre, frein, serein, feindre.

1er Exercice.

Le poulain bondit dans la prairie. Le maire a transmis la plainte à monsieur le préfet. La laine est teinte en rouge. On prend du levain pour faire le pain. Le train part à quatre heures et demie. On ne peut que gagner en bonne compagnie. L'eau du ruisseau est limpide. Je ne saurais peindre le désespoir de la pauvre mère dont le fils est mort.

2me Exercice.

Qui fait mal craint la clarté. — Ne remets jamais au lendemain ce que tu peux faire aujourd'hui — Le mois prochain je partirai pour Lyon — Le bain est salutaire à la santé — Nous avons deux mains : la main droite et la main gauche.

Modèle d'écriture.

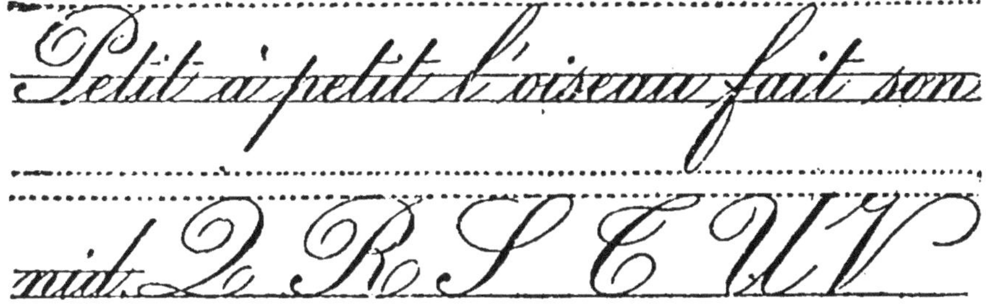

60e LEÇON D'ORTHOGRAPHE ET DE GRAMMAIRE.

1re *Dictée.* — Le poulain saute dans le pré. Chaque jour amène son pain. Le train part à sept heures trente-cinq minutes. Nul n'est prophète chez soi. Ce problème est simple. Le peintre est fort habile. Le verbe est au présent, au passé, ou au futur. Les animaux carnassiers sont ceux qui mangent de la chair.

2me *Dictée.* — Le litre est plein d'huile d'olive. Tu planteras du thym dans le jardin. Les hirondelles mangent les moucherons. L'écureuil grimpe sur le hêtre. Ce fauteuil est à ma mère. On cultive le lin et le chanvre pour faire de la toile. Les betteraves nous donnent du sucre.

Exercices.

j'	ai	des amis.		ai-	je	des amis ?
tu	as	—		as-	tu	—
il	a	—		a-t-	il	—
nous	avons	—		—	—	—
vous	avez	—		—	—	—
ils	ont	—		ont-	ils	—

j'	aurai	bientôt six ans		aurai-	je	bientôt six ans ?
tu	auras	—		auras-	tu	—
il	aura	—		aura-	t-il	—
nous	aurons	—		—	nous	—
vous	aurez	—		—	vous	—
ils	auront	—		—	ils	—

80e LEÇON DE CALCUL.

8	fois	2	font	....	9	fois	6	font	....
8	—	7	—	....	9	—	9	—	....
8	—	3	—	....	9	—	2	—	....
8	—	6	—	....	9	—	8	—	....
8	—	0	—	....	9	—	0	—	....
8	—	5	—	....	9	—	4	—	....
8	—	10	—	....	9	—	7	—	....
8	—	8	—	....	9	—	1	—	....
8	—	1	—	....	9	—	10	—	....
8	—	9	—	....	9	—	5	—	....
8	—	4	—	....	9	—	3	—	....

Soustractions.

francs											
		500	400	502	313	614	528	617	416	725	844
	—	375	375	275	285	365	289	359	239	449	279
	=										

francs											
		673	582	821	750	431	620	430	691	982	660
	—	349	279	169	249	272	442	253	473	693	351
	=										

20e LEÇON DE GÉOGRAPHIE.

Les 4 bassins fluviaux de la France.

20e LEÇON D'HISTOIRE NATURELLE (PLANTES SANS FLEURS).

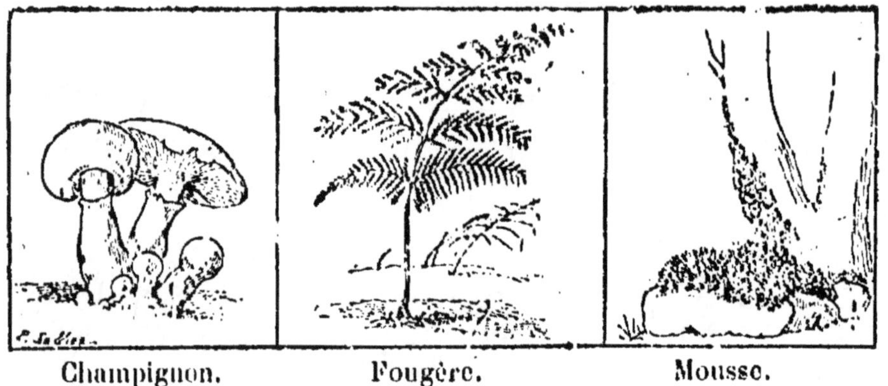

Champignon. Fougère. Mousse.

81e LEÇON DE LECTURE ET D'ÉCRITURE.

y précédé d'une voyelle dans le corps d'un mot vaut 2 *i*.	oy-noyé = noi-ié
	uy-tuyau = tui-iau
y = ii	ay-crayon = crai-ion

ien généralement, à la fin des mots, se prononce i-in

rien, bien, mien, tien, sien, chien, lien, gardien, soutien, vaurien, combien.

1er Exercice.

Nous avons dans le verger des fruits à noyau et des fruits à pépins. Qui va balayer l'école, essuyer les tables et placer le tuyau du calorifère? Le rayon de soleil va égayer la chambre. Il faudra acheter une douzaine de crayons. Si je fais peu, je fais bien. Rien ne sert de courir, il faut partir à point. Dieu fait ce qu'il fait.

2me Exercice.

J'aime ce caractère loyal — Le travail de l'école ne doit pas être bruyant — Le gardien de la prison était effrayé par l'aspect de ce vaurien — Combien vendez-vous ce pot de bruyère? — Le tien est plus beau que le mien .... Joindre les mains c'est bien, mais les ouvrir c'est mieux.

Le corbeau honteux et confus
Jura, mais un peu tard, qu'on ne l'y prendrait plus.

Modèle d'écriture.

Pierre qui roule n'amasse pas de mousse. X Y Z A

81e LEÇON DE GRAMMAIRE ET D'ORTHOGRAPHE.

1re *Dictée.* — La branche a ployé sous le poids des fruits. Mes chers amis, soyez toujours honnêtes et vous aurez la conscience en repos. Ne manquez jamais à votre parole. Le bien d'autrui doit être sacré pour nous. Il faut venir en aide aux malheureux. Le chien a-t-il aboyé longtemps? Ai-je raison? As-tu tort? A-t-il faim? Ont-ils réfléchi avant de parler ?

2me *Dictée.* — Avons-nous déployé beaucoup d'énergie pour rester fidèles à notre devoir? Avez-vous balayé l'école? Auras-tu fini ton devoir? Avez-vous attaché le chien? L'abeille va commencer son doux rayon de miel. Avec quoi fait-on le papier? Les cheveux sont creux comme des tuyaux. Vous êtes les bienfaiteurs des pauvres.

Exercices.

je	suis	malade	suis-je		malade ?
tu	—	—	—	tu	—
elle	—	—	—	il	—
nous	—	—	—	nous	—
vous	—	—	—	vous	—
elles	—	—	—	ils	—

je	serai	content	serai-je		content ?
tu	—	—	—	tu	—
il	—	—	—	il	—
nous	—	—	—	nous	—
vous	—	—	—	vous	—
ils	—	—	—	ils	—

Exercice. — Le ciseau et le couteau du menuisier. Le laboureur cultive son champ. Le clou est petit. Notre frère est bon. Le troupeau de chèvres. Tu plantes un chou. La petite fille est charmante. Le petit oiseau chante sur l'arbre.

81e LEÇON DE CALCUL.

francs		393	252	621	850	960	531	332	663	994	655
	−	254	194	474	254	128	268	258	338	228	368
	=										
francs		226	407	620	421	352	503	794	645	920	641
	−	148	208	316	256	146	216	236	276	277	337
	=										
francs		422	583	944	665	876	624	742	826	436	982
	−	227	277	357	297	587	395	564	358	277	499
	=										

œufs		124	75	275	79	509	395	624	809
		258	204	107	84	204	274	46	26
		312	362	358	615	192	186	75	74
	+	226	288	169	68	87	103	168	88
	=								

11e LEÇON DE RÉCITATION.

La guenon, le singe et la noix.

11e LEÇON DE CHANT.

Exercice sur la gamme.

6e LEÇON DE GYMNASTIQUE.

Demi-tour à droite. — Droite ! Pas accéléré. — En avant ! — Marche ! (Partir du pied gauche.)

52e LEÇON DE LECTURE ET D'ÉCRITURE.

ç = s **ë ï ü**

devant *a*, *o*, *u*; généralement **ti** (suivi d'une autre voyelle) = **si**

façade	aiguë	nation
façon	naïf	patience
reçu	Saül	martial

1er Exercice.

Le petit garçon aperçoit le limaçon. La fête de Noël tombe le vingt-cinq décembre. La ciguë est un poison. — On peut être honnête dans toutes les conditions. Patience et longueur de temps font plus que force ni que rage. Faites attention à la leçon. Le maïs est souvent cultivé comme fourrage. Notre drapeau national est tricolore : bleu, blanc et rouge.

2me Exercice.

L'égoïste ne pense qu'à soi — Vous ferez une addition, une soustraction et une multiplication — La station est à dix minutes de ma maison — Le maçon a bâti le pignon de la grange — Je suis fier d'être français — Je retourne au pays natal — Rends le bien pour le mal.

Dis-moi qui tu fréquentes, je te dirai qui tu es.

Modèle d'écriture.

Qui ne sait rien, ne doute de rien. B C D E F

52e LEÇON DE GRAMMAIRE ET D'ORTHOGRAPHE.

Dictée.

Suis-je dans mon droit? Es-tu actif comme par le passé? Le maître est-il venu chez vos parents? A-t-il parlé de votre conduite? Il voulait de souris dépeupler tout le monde. Il est si beau l'enfant avec son doux sourire. Serons-nous invités chez notre oncle? Avez-vous fini votre addition? Il faut être un bon citoyen et défendre sa patrie quand elle est menacée.

Exercice.

j'	aime	ma	mère	aimé-je		les fruits?
tu	—	t	—	—	tu	—
il	—		—	—	t-il	—
nous	—		—	—	nous	—
vous	—		—	—	vous	—
ils	—		—	—	ils	—

j'	aimerai	toujours	mon pays	aimerai-je	toujours	la musique?
tu	—		—	—	tu	—
il	—		—	—	t-il	—

nous — —
vous — —
ils — —

— nous —
— vous —
— ils —

j'ai aimé ma mère
tu as —
il a —
nous avons —
vous avez —
ils ont —

j'ai pensé à mon avenir
tu as — ton —
il — son —
— —
— —
— —

39e LEÇON DE DESSIN (DANS LA CHAMBRE A COUCHER).

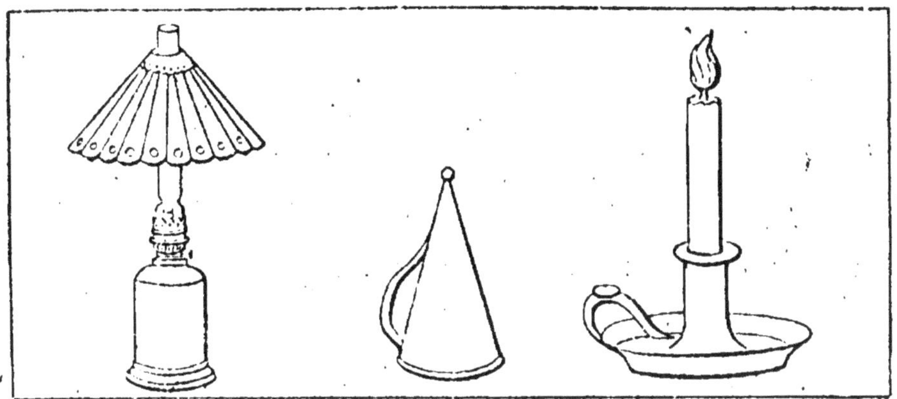

Lampe avec son abat-jour. — Éteignoir. — Bougeoir et bougie.

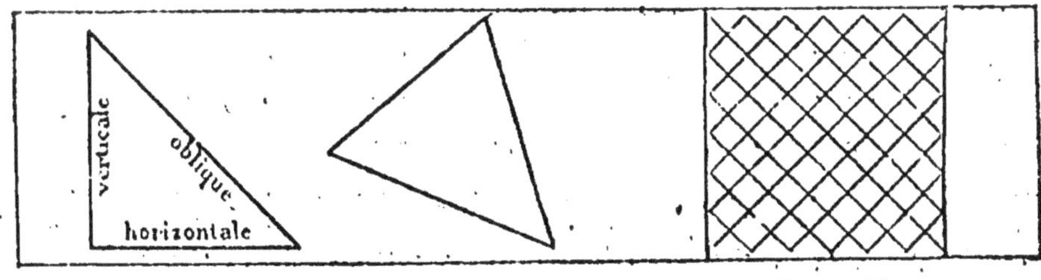

Triangle. Triangle. Quadrillage.

82e LEÇON DE CALCUL.

Additions et multiplications correspondantes.

		15	16	17	18	19	25	26	27	28	29
	+	15	16	17	18	19	25	26	27	28	29
francs	=										

	15	16	17	18	19	25	26	27	28	29 fr.
×	2	2	2	2	2	2	2	2	2	2
=										fr.

21e LEÇON D'HISTOIRE DE FRANCE.

Les enrôlements volontaires.

11e LEÇON DE MORALE (LE RESPECT DES VIEILLARDS).

« Bonjour mes enfants ! Que Dieu vous conserve à vos parents !

83e LEÇON DE LECTURE ET D'ÉCRITURE (RÉCAPITULATION).

	oi	ou	eu	an	in	on	un	au	ai	ein	eau	ain	ei	en	ien
b	boi	bou	beu	ban	bin	bon		bau	bai		beau	bain	bei	ben	bien
c	coi	cou		can		con		cau	cai			cain			cien
d	doi	dou	deu	dan	din	don	dun	dau	dai		deau			den	
f	foi	fou	feu	fan	fin	fon	fun	fau	fai	fein				fen	
g	goi	gou		gan		gon		gau	gai	gein		gain			
j	joi	jou	jeu			jon		jau							
l	loi	lou		lan	lin	lon	lun	lau	lai		leau	lain		len	lien
m	moi	mou	meu	man	min	mon		mau	mai		meau	main		men	mien
n	noi	nou	neu	nan	nin	non			nai		neau	nain			
p	poi	pou	peu	pan	pin	pon		pau	pai	pein	peau	pain	pei	pen	
r	roi	rou	reu	ran	rin	ron			rai	rein	reau	rain	rei	ren	rien
s	soi	sou	seu	san	sin	son		sau	sai	sein	seau	sain	sei	sen	sien
t	toi	tou		tan	tin	ton		tau	tai	tein	teau	tain	tei	ten	tien
v	voi	vou	veu	van	vin	von		vau	vai		veau	vain	vei	ven	vien

Exercice.

Le dindon et la pie.

Un gros dindon demandait à Margot:
« Que disait-on de moi, l'autre jour, au village?
On disait que tu n'es qu'un sot
Qui n'a pour soi qu'un vain plumage. »

Modèle d'écriture.

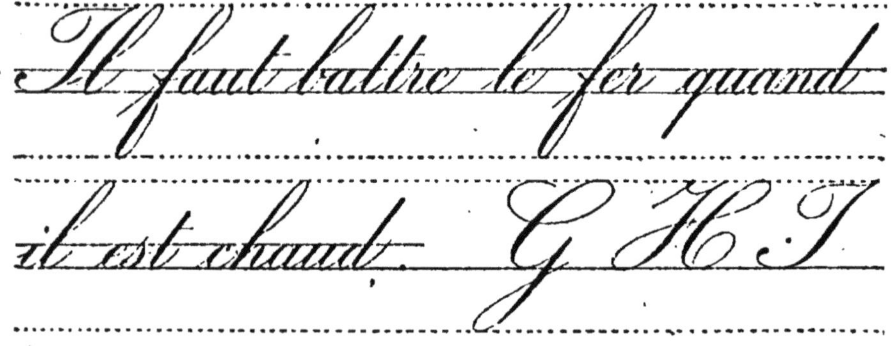

83e LEÇON D'ORTHOGRAPHE ET DE GRAMMAIRE.

1re *Dictée.* — Paul a bon cœur ; il aime sa maman, fait plaisir à ses camarades et se montre poli avec tout le monde ; à l'école, il travaille activement, écoute les leçons avec la plus grande attention, et tient ses cahiers avec beaucoup de soin. Paul est aimant, poli, actif et propre ; c'est un bon élève et un excellent fils.

2me *Dictée.* — J'aime les oiseaux et leurs chants joyeux; c'est avec bonheur que j'écoute leur ramage pendant la belle saison. Ils sont craintifs et cependant ne recherchent pas toujours la solitude. Petits enfants, ne détruisez pas les petits oiseaux qui dévorent les insectes, protégez leurs nids et soyez bons pour eux comme pour tout ce qui vous entoure.

Exercice. — On trouve dans l'école : règle, cahier, encrier, plume, tableau, carte, encre, table, craie, banc, bureau, chaise, papier, pupitre, livre, crayon, horloge, bibliothèque, dessin, ardoise, porte, fenêtre, carreau.

83e LEÇON DE CALCUL.

Additions et multiplications correspondantes.

	105	106	107	108	109	115	116	117	118	119	
francs +	105	106	107	108	109	115	116	117	118	119	
=											

	105	106	107	108	109	115	116	117	118	119	fr.
×	2	2	2	2	2	2	2	2	2	2	
=											fr.

Multiplications avec retenue au chiffre des unités.

	125	126	127	128	129	135	136	137	138	139	fr.
×	2	2	2	2	2	2	2	2	2	2	
=											fr.

	145	146	147	148	149	205	206	207	208	209	fr.
×	2	2	2	2	2	2	2	2	2	2	
=											fr.

	215	216	217	218	219	225	226	227	228	229	fr.
×	2	2	2	2	2	2	2	2	2	2	
=											fr.

	235	236	237	238	239	245	246	247	248	249	fr.
×	2	2	2	2	2	2	2	2	2	2	
=											fr.

21e LEÇON DE GÉOGRAPHIE.

La France et ses frontières.

21e *Leçon d'Histoire naturelle, p. 166.*

84e. LEÇON DE LECTURE ET

	a	e	i	o	u	é	oi	ou	eu	an
fl	fla	fle	fli	flo	flu	flé		flou	fleu	flan
bl	bla	ble	bli	blo	blu	blé	bloi	blou	bleu	blan
pl	pla	ple	pli	plo	plu	plé			pleu	plan
cl	cla	cle	cli	clo	clu	clé	cloi	clou		clan
gl	gla	gle	gli	glo	glu	glé	gloi	glou		glan
fr	fra	fre	fri	fro	fru	fré	froi	frou	freu	fran
vr	vra	vre	vri	vro	vru	vré				vran
br	bra	bre	bri	bro	bru	bré		brou		bran
pr	pra	pre	pri	pro	pru	pré	proi	prou	preu	
dr	dra	dre	dri	dro	dru	dré	droi		dreu	
cr	cra	cre	cri	cro	cru	cré	croi	crou	creu	cran
gr	gra	gre	gri	gro	gru	gré		grou		gran
tr	tra	tre	tri	tro	tru	tré	troi	trou		tran
st	sta	ste	sti	sto	stu	sté				stan
sp	spa	spe	spi	spo	spu	spé				
ch	cha	che	chi	cho	chu	ché	choi	chou	cheu	chan
gn	gna	gne	gni	gno	gnu	gné	gnoi		gneu	
ill	illa	ille	illi	illo	illu	illé		illou		illan
ph	pha	phe	phi	pho		phé				
qu	qua	que	qui	quo		qué	quoi		queu	quan
gu	gua	gue	gui			gué			gueu	

D'ÉCRITURE. (RÉCAPITULATION)

in	on	un	au	ai	ein	eau	ain	ei	en
				flai					
blin	blon			blai		bleau			
				plai	plein				
clin				clai					
	glon			glai					
frin	fron			frai	frein		frain		
	vron			vrai		vreau			
brin	bron	brun		brai					
prin		prun		prai	prein				pren
	dron			drai		dreau	drain		
crin	cron			crai			crain		
grin	gron						grain		
	tron			trai			train		tren
									sten
	spon								
	chon		chau	chai			chain		
	gnon					gneau			
	illon								
	phon								
	qu'on	qu'un		quai					qu'en

Modèle d'écriture.

Respectez toujours les vieillards.

21e LEÇON D'HISTOIRE NATURELLE.

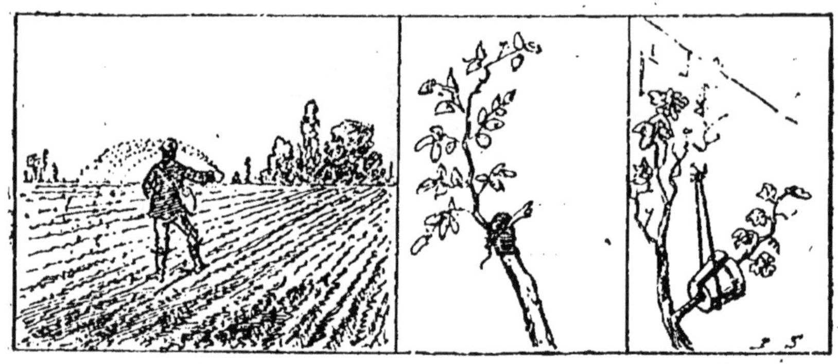

Semeur semant des graines. Greffe. Bouture.

84e LEÇON D'ORTHOGRAPHE ET DE GRAMMAIRE.

1re Dictée.

La mer est immense; ses eaux salées couvrent le rivage puis se retirent, formant ainsi le flux et le reflux ou la marée. Elle renferme des plantes et des animaux. Presque toujours agitée, ses vagues s'élèvent parfois à une grande hauteur et poussent les vaisseaux sur les récifs ou sur les côtes. La mer présente à mon esprit l'idée de l'infini.

2me Dictée.

La terre est ronde comme une boule. Elle tourne autour du soleil en même temps qu'elle tourne sur elle-même et lui présente à tour de rôle ses différentes parties pour les éclairer et les échauffer. Les parties hautes s'appellent coteaux, collines ou montagnes; les parties basses se nomment vallons ou vallées, quelquefois plaines.

Exercice.

Mer, eau, rivage, côte, plage, poisson, hareng, morue, baleine, requin, homard, crabe, crevette, vaisseau, hauteur, terre, boule, coteau, colline, vallon, montagne, vallée, plaine.

40e LEÇON DE DESSIN (DANS LA CAVE)

Entonnoir. Broc. Tonneau.

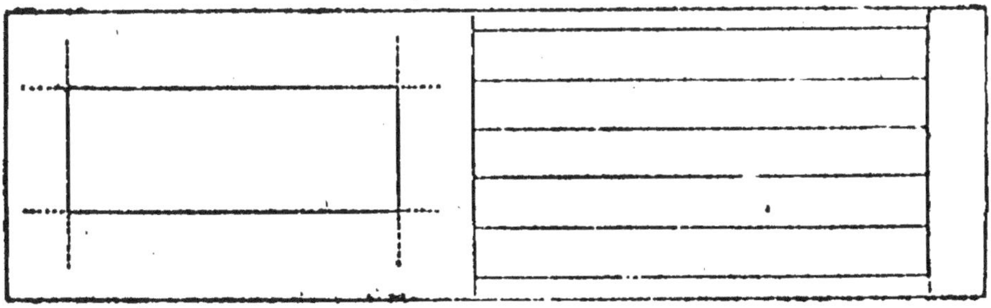

Rectangles.

84e LEÇON DE CALCUL.

Multiplications avec retenue au chiffre des unités.

	15	105	208	106	225	326	115	26	116	228	19	15	francs.
×	3	3	3	4	3	3	4	3	4	3	4	4	
=													francs.

	205	109	226	28	128	117	229	209	118	16	126	225	francs.
×	3	4	3	3	3	4	3	3	4	4	3	3	
=													francs.

	329	119	27	308	216	229	215	119	108	117	108	217	francs.
×	3	4	3	3	4	3	4	3	3	3	4	3	
=													francs.

	109	213	224	107	124	304	18	214	324	223	224	224	francs.
×	5	4	4	5	3	3	5	5	3	4	4	3	
=													francs.

22e LEÇON D'HISTOIRE DE FRANCE.

Le vaisseau *le Vengeur*.

11e LEÇON D'INSTRUCTION CIVIQUE (LE POUVOIR JUDICIAIRE).

Le tribunal

88e LEÇON DE LECTURE ET D'ÉCRITURE.

Le chien.

Le chien, outre la forme, la vivacité, la force, la légèreté, a par excellence toutes les qualités intérieures qui peuvent lui attirer les regards de l'homme : il est sensible au plaisir de s'attacher et au désir de plaire. Il vient mettre aux pieds de son maître son courage, sa force, ses talents ; il attend ses ordres ; il le consulte, il l'interroge, il le supplie. Il entend les signes de sa volonté ; il est tout zèle, tout ardeur, tout obéissance. Plus sensible au souvenir des bienfaits qu'à celui des outrages, il ne se rebute pas par les mauvais traitements. Loin de s'irriter ou de fuir, il lèche cette main qui vient de le frapper ; il ne lui oppose que la plainte et la désarme enfin par la patience et par la soumission.

BUFFON

La revue du général.

Rangez-vous ! c'est moi qui passe !
Je suis soldat ! lestement
Je manœuvre sur la place
Comme un vieux du régiment.

J'ai tout seul appris à faire
En levant le bout des doigts
Un beau salut militaire
Aux officiers que je vois.

J'en connais un qui me nomme
Déjà son petit ami ;
J'ai cinq ans, je suis un homme,
Je ne crains pas l'ennemi.

Mme Sophie Hue.

Modèle d'écriture.

Nous devons toujours dire la vérité.

88e LEÇON D'ORTHOGRAPHE ET DE GRAMMAIRE.

1re *Dictée.* — Il est gentil Minet. Voyez comme il paraît content quand je lui passe la main sur la tête et sur le dos. Ses yeux s'adoucissent et il redouble ses ronrons. J'aime son air doux et honnête. Jouons ensemble et soyons bons amis. Comment! Il se sauve après m'avoir griffé parce que j'ai voulu le poser sur la chaise! Le vilain! le traître! moi qui voulais lui donner mon gâteau! Je saurai que le chat est un égoïste qui ne pense qu'à soi.

2me *Dictée.* — Elle est bonne, petite maman; elle m'aime beaucoup et s'occupe toujours de moi; c'est elle qui m'habille, fait ma toilette, prépare mes repas; quand je pars pour l'école, elle me donne souvent une petite friandise en m'embrassant et me disant : sois bien sage. Aussi je le suis pour la rendre heureuse, et il me tarde de rentrer pour l'embrasser et rester près d'elle.

Exercice.

j'ét-	ais	heureux	j'av-	ais	quelques sous
tu-	ais	—	tu-	ais	—
il-	ait	—	il-	ait	—
nous-	ions	—	nous-	ions	—
vous-	iez	—	vous-	iez	—
ils-	aient	—	ils-	aient	—

je	prépar	ais	mes examens
tu	—	ais	—
il	—	ait	—
nous	—	ions	—
vous	—	iez	—
ils	—	aient	—

83ᵉ LEÇON DE CALCUL.

— 1 —

2 fois 4 font ..	3 fois 5 font ..	4 fois 6 font ..	5 fois 7 font ..
2 — 2 — ..	3 — 1 — ..	4 — 9 — ..	5 — 3 — ..
2 — 5 — ..	3 — 6 — ..	4 — 2 — ..	5 — 5 — ..
2 — 7 — ..	3 — 9 — ..	4 — 5 — ..	5 — 8 — ..
2 — 10 — ..	3 — 0 — ..	4 — 8 — ..	5 — 10 — ..
2 — 0 — ..	3 — 2 — ..	4 — 3 — ..	5 — 6 — ..
2 — 8 — ..	3 — 7 — ..	4 — 1 — ..	5 — 9 — ..
2 — 1 — ..	3 — 10 — ..	4 — 7 — ..	5 — 0 — ..
2 — 6 — ..	3 — 3 — ..	4 — 0 — ..	5 — 1 — ..
2 — 9 — ..	3 — 8 — ..	4 — 10 — ..	5 — 4 — ..
2 — 3 — ..	3 — 4 — ..	4 — 4 — ..	5 — 2 — ..

— 2 —

6 fois 3 font ..	7 fois 3 font ..	8 fois 4 font ..	9 fois 0 font ..
6 — 6 — ..	7 — 1 — ..	8 — 9 — ..	9 — 3 — ..
6 — 2 — ..	7 — 7 — ..	8 — 5 — ..	9 — 6 — ..
6 — 8 — ..	7 — 9 — ..	8 — 8 — ..	9 — 10 — ..
6 — 5 — ..	7 — 5 — ..	8 — 1 — ..	9 — 4 — ..
6 — 7 — ..	7 — 8 — ..	8 — 10 — ..	9 — 2 — ..
6 — 0 — ..	7 — 0 — ..	8 — 6 — ..	9 — 9 — ..
6 — 9 — ..	7 — 6 — ..	8 — 0 — ..	9 — 7 — ..
6 — 1 — ..	7 — 2 — ..	8 — 2 — ..	9 — 8 — ..
6 — 10 — ..	7 — 10 — ..	8 — 7 — ..	9 — 5 — ..
6 — 4 — ..	7 — 4 — ..	8 — 3 — ..	9 — 1 — ..

Additions et multiplications correspondantes.

	35	36	37	38	39	45	46	47	48	49	fr.
+	35	36	37	38	39	45	46	47	48	49	
=											fr.
	35	36	37	38	39	45	46	47	48	49	fr.
×	2	2	2	2	2	2	2	2	2	2	
=											fr.

22e LEÇON DE GÉOGRAPHIE.

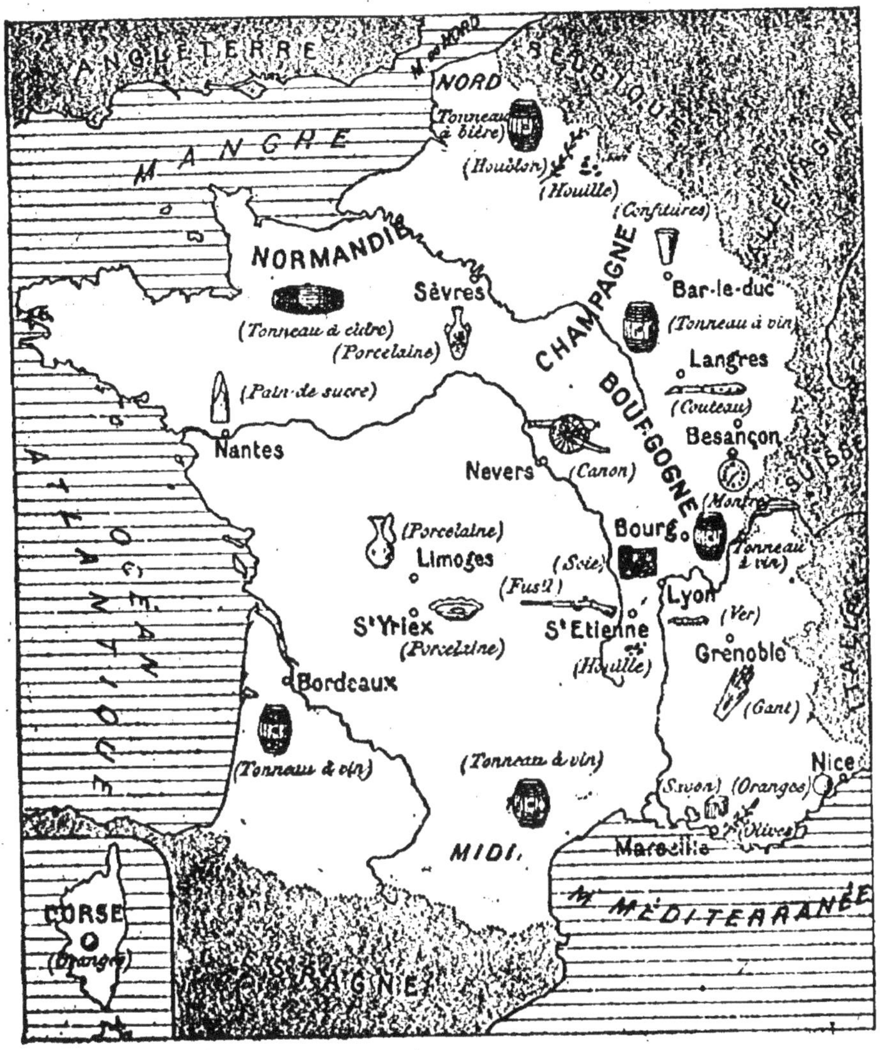

La France industrielle.

22e LEÇON D'HISTOIRE NATURELLE (LES 3 ÉTATS DES CORPS).

Glace sur de l'eau. — Eau dans un vase. — Vapeur s'échappant d'un vase.

86e LEÇON DE LECTURE ET D'ÉCRITURE.

Dieu fait tout.

Comment est-ce que Dieu les a peintes, les fleurs?
Où donc a-t-il pris des couleurs?
— Voyant les terres toutes nues,
Dieu s'est mis à sourire et les fleurs sont venues.
— C'est fort, mais il a donc tout fait, ce grand bon Dieu?
— Tout, mon enfant : la terre et l'eau, l'air et le feu.
Et toutes les choses inconnues.
— Et toi, mère, est-ce qu'il t'a faite aussi?
— Qui? moi?
Sans doute, te voilà stupéfait, immobile!
— Ah! cela devrait être un peu bien difficile
De faire une maman aussi bonne que toi!

L. Ratisbonne.

Les cours d'eau.

Les eaux qui tombent sur les crêtes et sur les sommets des montagnes, les vapeurs qui s'y condensent ou les neiges qui s'y liquéfient, descendent par une infinité de filets le long de leurs pentes. Bientôt ces filets se réunissent dans les creux les plus marqués dont la surface des montagnes est labourée; ils s'écoulent par les vallées profondes qui sont à leur pied, et vont former ainsi les rivières et les fleuves, qui reportent à la mer les eaux que la mer avait données à l'atmosphère.

CUVIER

On a bien peu perdu quand on garde l'honneur. J. K.

80e LEÇON D'ORTHOGRAPHE ET DE GRAMMAIRE.

1re Dictée.

Papa est aussi bon que petite maman; il paraît sévère avec sa barbe noire et sa grosse voix, mais c'est le meilleur des pères. Quand il rentre le soir, il m'enlève comme une plume, me place sur ses genoux et me raconte de belles histoires. Avant de me coucher, j'embrasse papa et maman en leur disant bonsoir, et je m'endors content. La mère aime tendrement; le père aime fermement.

2me Dictée.

Minet est un méchant, mais Toto est mon ami. Il est gros,

il est fort et montre les dents quand il entend du bruit la nuit. Il est content quand il me voit revenir de l'école, il me caresse, saute de joie et vient se coucher près de moi; quand je suis absent il me cherche partout. Toto est un chien fidèle ; il n'est pas ingrat comme le chat.

Exercice.

mon cheval, un caporal, ce général, un maréchal, le canal, mon journal, ton signal, le bocal, ce cristal, l'hôpital, le métal, ce végétal.

80e LEÇON DE CALCUL.

Multiplications avec retenue dans les unités.

	16	105	125	18	106	208	17	125	107	305	206	25	fr.
×	3	4	3	4	3	4	3	3	4	3	4	3	
=													fr.

	109	306	116	206	327	207	29	209	18	215	216	17	fr.
×	3	3	3	3	3	4	4	4	3	3	3	4	
=													fr.

	205	19	227	217	218	107	207	219	115	218	309	307	fr.
×	4	3	3	4	3	3	3	4	3	4	3	3	
=													fr.

	316	118	315	328	318	219	317	319	102	107	115	113	fr.
×	3	3	3	3	3	3	3	3	7	6	6	7	
=													fr.

	108	109	113	123	112	107	115	108	106	114	103	116	fr.
×	7	8	6	4	8	7	6	5	7	4	8	6	
=													fr.

12e LEÇON DE RÉCITATION.

Morts pour la patrie.

12e LEÇON DE CHANT.

Exercice sur la gamme.

87e LEÇON DE LECTURE ET D'ÉCRITURE.

Le matin.

L'oiseau chante, l'agneau bêle,
L'enfant gazouille au berceau;
La voix de l'homme se mêle
Au bruit des vents et de l'eau;

L'air frémit, l'épi frissonne,
L'insecte au soleil bourdonne ;
L'airain pieux qui résonne
Reporte au Dieu qui le donne
Le premier soupir du jour.
Tout vit, tout luit, tout remue;
C'est l'aurore dans la nue,
C'est la terre qui salue
L'astre de vie et d'amour.

LAMARTINE

La Famille.

Qu'ils sont doux, mais qu'ils sont rapides, les moments que les frères et sœurs passent dans leurs jeunes années, réunis sous l'aile de leurs vieux parents !

La famille de l'homme n'est que d'un jour : le souffle de Dieu la disperse comme une fumée. A peine le fils connaît-il le père, le père le fils, le frère la sœur, la sœur le frère ! Le chêne voit germer ses glands autour de lui; il n'en est pas ainsi des enfants des hommes.

CHATEAUBRIAND

Modèle d'écriture.

Qui sert bien son pays, n'a pas besoin d'aïeux. L. M.

87e LEÇON D'ORTHOGRAPHIE ET DE GRAMMAIRE

1re Dictée.

Le cheval de papa est fort beau et pas méchant du tout. Il faut le voir comme il est fier quand il nous mène à la ville dans la grande calèche ! Il dresse la tête, frappe du pied et court comme le vent. A la maison il est bien soigné, et n'est jamais maltraité. Aujourd'hui j'ai vu un charretier brutal qui frappait à grands coups son pauvre cheval maigre et usé ; mon cœur s'est serré, et je me suis rappelé qu'on ne doit jamais maltraiter les animaux.

2me Dictée.

Le soleil est brillant ; il éclaire la terre, nous donne sa chaleur et colore les plantes ; il est beaucoup plus chaud en été qu'en hiver ; dans certains pays sa chaleur est à peine supportable. La lune tire sa lumière du soleil et nous éclaire pendant la nuit. J'aime à me promener quand elle brille et que tout est calme dans la campagne.
Le soleil, la lune et les étoiles sont des astres.

Exercice.

Je	n'arrose	pas les fleurs de	mon	jardin
Tu	—	—	ton	—
Il	—	—	son	—
Nous	—	—	notre	—
Vous	—	—	votre	—
Ils	—	—	leur	—

41ᵉ LEÇON DE DESSIN (A LA FONTAINE).

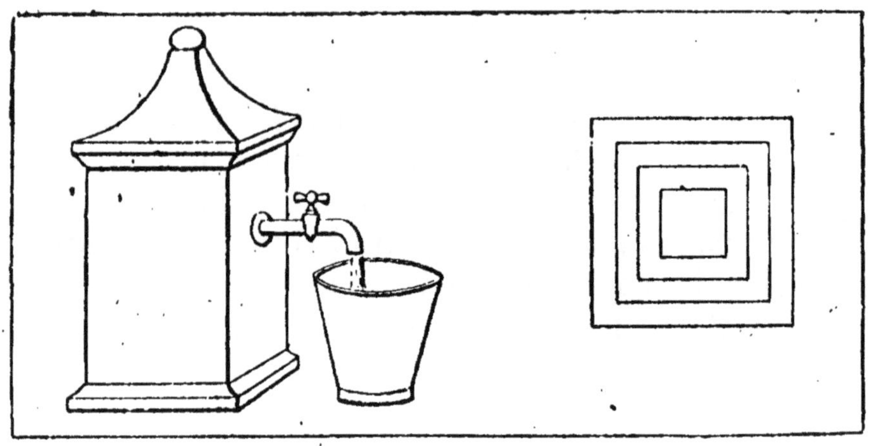

Fontaine. Carrés.

87ᵉ LEÇON DE CALCUL.

Multiplications avec retenues dans les dizaines.

	150	280	192	70	274	162	83	181	191	172	94	192	131	292	fr.
×	2	2	3	8	2	3	3	4	5	2	2	2	3	3	
=															fr.

	190	263	283	194	193	272	283	171	171	282	182	294	191	fr.
×	5	3	3	2	3	3	2	4	5	2	3	2	3	
=														fr.

	91	161	291	183	172	93	262	273	183	271	190	270	284	291	fr.
×	6	5	2	2	3	3	3	2	3	2	3	3	2	3	
=															fr.

	252	260	182	154	93	191	253	192	173	282	272	171	193	fr.
×	3	2	3	2	2	2	2	4	3	3	2	2	2	
=														fr.

23e LEÇON D'HISTOIRE DE FRANCE.

Napoléon à Sainte-Hélène.

12e LEÇON D'INSTRUCTION MORALE.

DIEU

88e LEÇON DE LECTURE ET D'ECRITURE.

Le voyageur aérien.

— Où vas-tu, petit nuage rose? — Je vais où m'emporte le vent. En chemin, je rencontre les autres nuages, mes frères, et, tous réunis, nous formons une mer légère qui flotte dans les hauteurs du ciel. Quelquefois notre rencontre produit le tonnerre, cette grande voix de Dieu qui parle aux hommes; mais ne nous condamne pas, enfant, car la foudre purifie l'air.

— Que fais-tu, joli nuage rose?

— Je remplis la fontaine que le vent d'est a tarie; je rends la vie à la plante que des souffles brûlants ont desséchée; je fais épanouir la fleur brillante; je féconde le sillon du laboureur.

Et puis, enfant, ma mission est remplie; mais je disparais sans regret, parce que j'ai passé en faisant le bien.

A. DUBOIS.

La renoncule et l'œillet.

La renoncule un jour dans un bouquet
Avec l'œillet se trouve réunie
Elle eut le lendemain le parfum de l'œillet.
On ne peut que gagner en bonne compagnie.

BÉRENGER

88e LEÇON D'ORTHOGRAPHE ET DE GRAMMAIRE.

1re *Dictée.* — Je n'aime pas l'hiver : la neige tombe et la terre est glacée. Les nuits sont longues et le vent souffle avec force dans les arbres dépouillés de leurs feuilles. Le soleil est caché par les brumes, les oiseaux ne chantent plus ; l'hirondelle nous a quittés depuis longtemps ; la campagne est déserte. Beaucoup de malheureux n'ont ni pain ni feu pendant cette saison rigoureuse. Riches, donnez aux pauvres qui souffrent.

2me *Dictée.* — Au printemps, les jours deviennent plus longs, le soleil reparaît, il ne fait plus froid, les arbres se couvrent de feuilles nouvelles, le cultivateur reprend ses travaux des champs, l'hirondelle revient nous voir et les oiseaux chantent autour de nous. J'aime mieux le printemps que l'hiver.

88e LEÇON DE CALCUL.

Multiplications avec retenues dans les dizaines.

	162	251	273	181	81	152	86	191	292	271	171	260	fr.
×	2	3	3	5	7	3	4	4	2	3	3	3	
=													fr.
	254	280	163	151	263	173	153	252	263	91	162		fr.
×	2	3	3	5	2	2	3	2	2	9	4		
=													fr.
	181	281	293	253	182	174	281	161	170	264	92		fr.
×	3	2	3	3	4	2	3	6	3	2	4		
=													fr.
	170	161	71	90	81	293	262	152	92	61	261		fr.
×	5	6	8	9	5	2	2	4	2	9	3		
=													fr.

23e LEÇON DE GEOGRAPHIE (les principaux animaux de France).

On élève en France des chevaux, des vaches, des bœufs, des moutons, des mulets, etc.

23e LEÇON D'HISTOIRE NATURELLE (LES LIQUIDES).

Bouteille de vin.

Verre d'eau.

Mesure de lait.

89e LEÇON DE LECTURE.

Le Nid.

1. De ce buisson de fleurs approchons-nous ensemble :
Vois-tu ce nid posé sur la branche qui tremble?
Pour les couvrir, vois-tu ces rameaux se ployer?

Les petits sont cachés dans leur couche de mousse.
Ils sont tous endormis... Oh ! viens, ta voix est douce,
Ne crains pas de les effrayer.

2. De ses ailes encor la mère les recouvre
Son œil appesanti se referme et s'entr'ouvre,
Et son amour longtemps lutte avec le sommeil.
Elle s'endort enfin.., Vois comme elle repose !
Elle n'a pourtant rien qu'un nid sous une rose
Et sa part de notre soleil.

3. Vois, il n'est point de vide en son étroit asile
A peine s'il contient sa famille tranquille ;
Mais là le jour est pur et le sommeil est doux,
C'est assez ! elle n'est ici que passagère,
Chacun de ses petits peut réchauffer son frère
Et son aile les couvre tous.

ÉMILE SOUVESTRE.

Le calendrier de l'Aveugle.

Je me dis: voilà le coucou qui chante : c'est le mois de mars et nous allons avoir chaud, voilà le merle qui siffle: c'est le mois d'avril; voilà le rossignol: c'est le mois de mai; voilà le hanneton: c'est la Saint-Jean, voilà la grive: c'est la vendange, le raisin est mûr; voilà la bergeronnette; voilà les corneilles: c'est l'hiver.

LAMARTINE

Modèle d'écriture.

Aimez-vous les uns les autres.

89e LEÇON D'ORTHOGRAPHE ET DE GRAMMAIRE

1° Hier je suis allé en chemin de fer pour la première fois avec papa et maman. Après avoir pris à la gare, moyennant de l'argent, des billets qui indiquaient la gare de départ et la gare d'arrivée, nous sommes montés dans une grande voiture assez commode. Tout à coup la machine qui soufflait très fort siffla deux ou trois fois et le train s'ébranla.

2° Les arbres, les maisons et les personnes paraissaient courir comme nous. A chaque gare, le train s'arrêtait quelques instants pour laisser descendre et monter les voyageurs. En une heure, nous avions fait six ou sept lieues. On m'a dit qu'il arrivait parfois des accidents; comme je suis déjà grand, je n'ai pas peur. C'est une belle invention que celle des chemins de fer.

3° Conjuguer au présent les verbes marcher, chanter, observer *avec* ou *sans* complément, en les faisant *précéder* ou *suivre* des mots : à présent, en ce moment, aujourd'hui, actuellement, depuis quelque temps.

4° Conjuguer les mêmes verbes au futur *avec* ou *sans* complément, en les faisant *précéder* ou *suivre* des mots : demain, ce soir, plus tard, tout à l'heure, la semaine prochaine, l'année prochaine, dans une heure, dans un instant, après l'école, prochainement, avant peu, bientôt, etc.

42e LEÇON DE DESSIN.

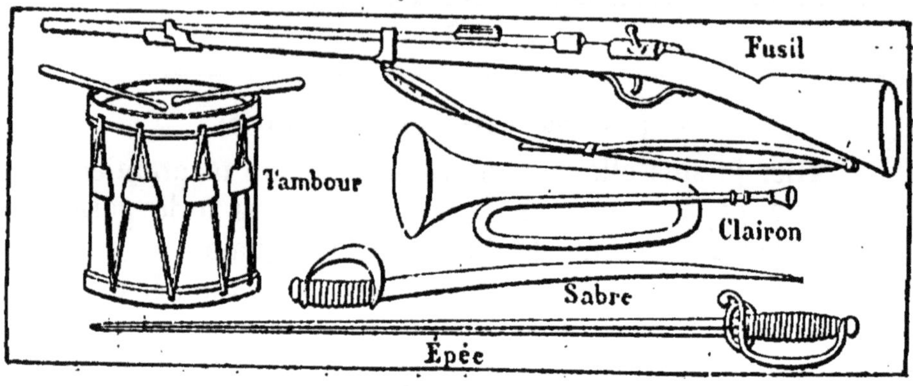

A la guerre.

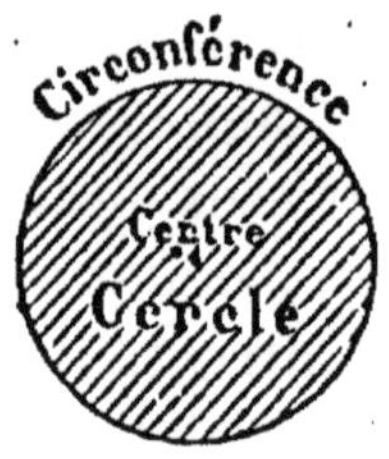

Circonférence.

89e LEÇON DE CALCUL.

Nous pouvons additionner 3 fois 277 fr. ou multiplier 277 fr. par 3.

277	277	277
277	3	3
277	21	831
831	21.	
	6..	
	831	

Multiplications avec retenues.

	258	139	99	296	75	146	88	76	275	395 fr.
×	3	6	7	3	5	6	5	8	3	2
=										fr.
	269	297	68	79	86	158	88	76	93	92 fr.
×	3	3	8	9	6	6	6	9	8	9
=										fr.

24e LEÇON D'HISTOIRE DE FRANCE.

Souviens-toi !

12e LEÇON D'INSTRUCTION CIVIQUE (L'IMPÔT).

Percepteur donnant une quittance

60e LEÇON DE LECTURE ET D'ÉCRITURE.

Écolier qui pars pour l'école,
Garde-toi de traîner le pas;
En chemin ne t'amuse pas,
Mais songe à l'heure qui s'envole.

Mes enfants, le temps passe vite et ne revient plus. Si vous le perdez aujourd'hui, vous le regretterez plus tard. Suivez donc avec attention les leçons de l'école et ne donnez au jeu que le temps des récréations. Vous en serez plus heureux vous-mêmes et vous serez aimés de vos bons parents et de vos maîtres qui s'applaudiront de vos efforts et de vos progrès. Tout travaille ici-bas.

La fleur travaille sur la branche,
Le lis, dans toute sa splendeur.
Travaille à sa tunique blanche,
L'oranger à sa douce odeur.

L'abeille butine le miel sur les fleurs; l'oiseau jette dans l'air sa note joyeuse et se hâte de construire le nid qui abritera sa jeune couvée; la fourmi traîne dans ses greniers des provisions pour la mauvaise saison, et l'homme, doué d'une belle intelligence, travaille sans cesse à étendre ses connaissances et à procurer le bien-être à sa famille.

Le temps, a dit Franklin, est l'étoffe dont la vie est faite : n'en perdez pas, vous en aurez toujours assez.

Le temps est si précieux que nous le mesurons au moyen des pendules, des montres et des horloges.

Travaillez donc avec courage, mes chers amis, car, comme l'a dit un poète : Ne plus travailler, c'est mourir.

Modèle d'écriture.

France. A B C D E

60e LEÇON D'ORTHOGRAPHE ET DE GRAMMAIRE.

1re *Dictée.* — J'aime mon père, j'aime ma mère, mais j'aime aussi la France, ma patrie, et, quand je serai grand, je partirai pour la défendre et lui donner mon sang s'il le faut. Il est beau de mourir pour son pays.

2me *Dictée.* — Le drapeau est l'emblème de la patrie. Il flotte avec ses trois couleurs à la porte de la mairie. Le soldat garde jusqu'à la mort celui qui lui est confié et sur lequel sont écrits les mots : Honneur et patrie. Il tombe en criant : Vive la France !

60e LEÇON DE CALCUL.

2 fois 0 font	0	3fois 0 font	0	4 fois 0 font	0	5 fois 0 font	0
2 — 1 —	2	3 — 1 —	3	4 — 1 —	4	5 — 1 —	5
2 — 2 —	4	3 — 2 —	6	4 — 2 —	8	5 — 2 —	10
2 — 3 —	6	3 — 3 —	9	4 — 3 —	12	5 — 3 —	15
2 — 4 —	8	3 — 4 —	12	4 — 4 —	16	5 — 4 —	20
2 — 5 —	10	3 — 5 —	15	4 — 5 —	20	5 — 5 —	25
2 — 6 —	12	3 — 6 —	18	4 — 6 —	24	5 — 6 —	30
2 — 7 —	14	3 — 7 —	21	4 — 7 —	28	5 — 7 —	35
2 — 8 —	16	3 — 8 —	24	4 — 8 —	32	5 — 8 —	40
2 — 9 —	18	3 — 9 —	27	4 — 9 —	36	5 — 9 —	45
2 — 10 —	20	3 — 10 —	30	4 — 10 —	40	5 — 10 —	50

6	fois	0	font	0	7	fois	0	font	0	8	fois	0	font	0	9	fois	0	font	0
6	—	1	—	6	7	—	1	—	7	8	—	1	—	8	9	—	1	—	9
6	—	2	—	12	7	—	2	—	14	8	—	2	—	16	9	—	2	—	18
6	—	3	—	18	7	—	3	—	21	8	—	3	—	24	9	—	3	—	27
6	—	4	—	24	7	—	4	—	28	8	—	4	—	32	9	—	4	—	36
6	—	5	—	30	7	—	5	—	35	8	—	5	—	40	9	—	5	—	45
6	—	6	—	36	7	—	6	—	42	8	—	6	—	48	9	—	6	—	54
6	—	7	—	42	7	—	7	—	49	8	—	7	—	56	9	—	7	—	63
6	—	8	—	48	7	—	8	—	56	8	—	8	—	64	9	—	8	—	72
6	—	9	—	54	7	—	9	—	63	8	—	9	—	80	9	—	9	—	81
6	—	10	—	60	7	—	10	—	70	8	—	10	—	72	9	—	10	—	90

24e LEÇON DE GÉOGRAPHIE (LES RACES D'HOMMES).

Race blanche

Race noire

Race jaune

24e LEÇON D'HISTOIRE NATURELLE (L'AIR).

Oiseau sous une cloche

Cheminée avec soufflet

L'*air* est indispensable à la vie de l'homme, des animaux et des plantes. Il est aussi nécessaire à la combustion. L'*air* est un *gaz*.

FIN.

Poitiers. — Imprimerie Blais et Roy, 7, rue Victor-Hugo, 7

ORGANISATION PEDAGOGIQUE DES ÉCOLES MATERNELLES

Programme spécial des Leçons de choses

2me SEMESTRE

Avril..... **La Végétation** : Graines, racines, tiges; fleurs, etc.
Les Nids d'oiseaux : Services que nous rendent les oiseaux, hirondelles, insectes, hannetons, vers à soie.

Mai...... **L'Eau** : Ruisseau, rivière, fleuve, mer, marée, bains froids, natation.
La Pêche : Poissons de mer et poissons d'eau douce.
Le Blanchissage : Savon, propreté.

Juin...... **La Ferme** : La fenaison, cheval, âne, chien de berger, loup, moutons, porc, dindon, poule, oie, canard, pigeon; — laiterie, lait, beurre, fromage.

Juillet.... **L'Orage** : Éclair, tonnerre, grêle, vent, paratonnerre, arc-en-ciel.
Les Fruits : Cerises, fraises, abricots, prunes, poires, pommes.

Août...... **La Moisson** : Blé, orge, avoine, farine, pain, pâte, four, boulanger, pâtissier.
Les Voyages : Routes, chemins de fer, bateaux à vapeur, cartes, points cardinaux, boussole, aimant, Christophe Colomb, races d'hommes, la patrie, le monde.

Septembre. **La Chasse** : Chevreuil, cerf, sanglier, loup, renard, lièvre, lapin, perdrix, alouette, caille; fusils.
La Fête au village : Foire, boutique, feu d'artifice, poudre; guerre, commerce, monnaie.

MÊME LIBRAIRIE

Envoi franco au reçu du prix en un mandat ou en timbres-poste.

MÉTHODE NÉZONDET

CETTE MÉTHODE COMPREND :

1° Deux Cours encyclopédiques où sont traitées toutes les matières obligatoire et facultatives du programme ; 2° Une Méthode de Lecture, d'Ecriture et de Grammaire, qui est extraite de ces deux Cours ; 3° Quatre tableaux muraux de Lecture.

LES COURS ENCYCLOPÉDIQUES SONT COMPOSÉS :

D'un Cours d'INITIATION (Deux semestres : PARTIES DE L'ÉLÈVE et du MAITRE).
Et d'un Cours ÉLÉMENTAIRE (Deux semestres : PARTIE DE L'ÉLÈVE ET DU MAITRE).
Le Cours d'Initiation *est en vente, le* Cours élémentaire *est sous presse.*

A. — COURS ENCYCLOPÉDIQUE D'INITIATION *ou Cours préparatoire* à l'usage des Ecoles primaires, des Ecoles enfantines, des Ecoles maternelles et des Familles.

COMPRENANT : la Lecture, l'Ecriture, la Langue française, le Dessin, le Calcul, l'Histoire de France, la Géographie, l'Instruction morale et civique, la Récitation, l'Histoire naturelle, le Chant, la Gymnastique. — Très nombreuses gravures sur bois.

1er SEMESTRE. — Partie de l'Élève, 1 vol. in-16, gr. jésus, cart	....	» fr. 60
1er SEMESTRE. — Partie du Maitre, — —	....	1 fr. 25
2e SEMESTRE. — Partie de l'Élève, — —	....	1 fr. »
2e SEMESTRE. — Partie du Maitre, — —	....	1 fr. 75

B. — COURS ENCYCLOPÉDIQUE ÉLÉMENTAIRE à l'usage des classes élémentaires des écoles primaires et comprenant :

1er SEMESTRE. — Partie de l'Élève.	2e SEMESTRE. — Partie de l'Élève.
1er SEMESTRE. — Partie du Maitre.	2e SEMESTRE. — Partie du Maitre.

(*Sous presse*)

C. — MÉTHODE DE LECTURE, D'ÉCRITURE ET DE GRAMMAIRE (extraite du *Cours encyclopédique d'Initiation* et du *Cours encyclopédique élémentaire*) :

1er Livret, 1 vol. in-16 illustré. » fr. 30	3e Livret, 1 vol. in-12 illustré. 1 fr. 20
2e Livret, 1 vol. in-16 illustré. » fr. 60	4e Livret, 1 vol. in-12 illustré. 1 fr. 20

Les parties du Maitre sont celles du Cours encyclopédique d'Initiation (*parues*), *et du* Cours encyclopédique élémentaire (*sous presse*).

D. — QUATRE TABLEAUX MURAUX DE LECTURE résumant la méthode Nézondet. Chaque tableau (*papier fort*) mesure 1m,30 de hauteur sur 0m,95 de largeur et coûte en feuille .... 1 fr. 75
L'entoilage de chaque tableau se paye en sus .... 2 fr. 25

LE CALCUL PRATIQUE

CALCUL MENTAL GRADUÉ ET MÉTHODIQUE, par M. NÉZONDET

1er Livret	(nombres de 1 à 10)	0 fr. 40
2e —	(nombres de 10 à 20 et de 20 à 100)	0 fr. 60
3e —	(nombres entiers au-dessus de 100)	sous presse
4e —	(nombres décimaux, fractions, nombres complexes, règles de trois, d'intérêt, etc.)	sous presse

La partie du Maitre pour les 4 livrets, avec conseils et réponses.. sous presse

---

MÉTHODE D'ÉCRITURE, par M. NÉZONDET

1er Cahier	(étude des lettres, o, l, n, m, et des chiffres 1, 2, 3, 4).	Le cent : 9 francs.
2e —	(lettres a, r, u, e, v ; chiffres 5, 6, 7, 8, 9)	
3e —	(lettres l, j, f, s, é, è, ê, t, p, b, d, c)	
4e —	(lettres g, z, k, q, x, h, y, w)	
5e —	(Majuscules et fine cursive)	

Poitiers. — Imp. Blais, Roy

www.ingramcontent.com/pod-product-compliance
Ingram Content Group UK Ltd.
Pitfield, Milton Keynes, MK11 3LW, UK
UKHW021906260726
13966UKWH00006B/1041

9 782011 946706